## 찬찬하고 아름다운
# 평생교육 이야기

느리고 소박하지만 찬찬하고 아름다운
'찬찬한배움'으로
평생학습을 하고 작은 실천을 하는
다양한 사람들의 이야기

조광연 지음

율나무

본문에 실린 신문기사 중 이후에 내용이 추가된 부분이 있습니다. 원래 기사의 내용이 변하지 않았기에 발행 날짜를 그대로 두었습니다.

# 들어가는 글

사람은 누구나 어떤 사람의 선생이 될 수도 있고 어떤 사람의 학생이 될 수도 있다.

우리는 인생에서 여러 번의 전환기를 맞이한다. 횟수와 크기의 차이가 있을지라도 성인은 누구나 전환기를 맞이하고 그에 따른 선택을 하며 자신만의 인생 이야기를 쓰며 살아간다. 특히 초고령화 사회로 접어든 한국 사회에서 길어진 노년의 시기는 인생 전환기와 선택의 경험이 더욱 강조된다.

자신의 인생에서 선택을 하고 인생전환을 위해 배우는 그 모든 과정이 바로 평생교육이다. 꼭 학교에서 공부를 하고 전문기술을 배워야 하는 것이 아니다. 문화센터에서 그림을 배우거나 자원봉사 문화해설을 하거나 건강을 위한 동네 운동모임도 평생학습이다. 우리 주변에서 함께 공부하고 배우는 그 모든 것이 평생학습이 되는 것이다. 그 과정에서 선생이 될 수도 학생이 될 수도 있다.

저자 또한 성인이 된 이후 30여 년 동안 교사가 되기도 하고 학습자가 되기도 하며 평생학습을 통해 자신의 인생을 찬찬히 만들어 가고 있다.

다양한 평생학습 현장에서 성인 학습자들, 특히 중년 이후 학습자들은 어리고 영민함과는 다른 특징을 가지고 있다는 것을 경험했다. 성인 학습자들은 상대적으로 느리고 화려한 목적을 가지고 있지 않지만 그들만의 방법으로 배움을 이어나고 있다. 이러한 성인 평생학습의 방법으로 천천히, 꼼꼼하고 자상하게, 그리고 빛이 나며 아름답다는 의미를 가진 '찬찬히'라는 표현을 가진 '찬찬한 배움'으로 설명하였다.

이 글을 써 내려가는 데 있어서 바탕이 되는 저자의 교육경험은 크게 세 가지이다.

첫째는 15년의 재수종합학원 원장과 담임선생 경험이다.

둘째는 2012년부터 평생학습관에서의 원장 경험과 문해교사 경험이다.

셋째는 평생교육 현장에서 저자의 특강 경험이다.

위에 열거한 평생교육에서의 경험과 더불어 저자가 운영하였던 인터넷 신문 [평생교육사회복지신문]에 기고하였던 글이 바탕이 되었다.

저자의 경험을 바탕으로 평생교육의 6대 분류로 세분화하여 이 글을 엮었다. 각 영역별로 간단한 개념을 소개하고 현장에서 어떻게 이루어지는지 구체적 사례를 소개하고자 한다.

저자는 6대 영역을 모두 경험하였다. ①기초문해교육으로서의 평생학습관 중학학력인정 문해수업. ②학력보완교육으로서의 고졸검정고시 지도와 대학 학점은행제 과정 수업과 지도. ③직업전문교육으로서의 직업전문학교 운영. ④문화예술교육으로서의 시인 등단과 문인협회 활동. ⑤인문교양교육으로서의 동화 낭독 극 강의와 자서전 쓰기 강의. ⑥시민참여교육으로서의 주민자치위원회와 주민참여예산위원 등의 풀뿌리민주주의에 대한 경험이다.

이 책에는 느리고 소박한 '찬찬한배움'으로 평생학습을 하고 작은 실천을 하며 인생을 살고 있는 다양한 사람들의 이야기가 실려 있다. 독자들은 다양한 사람들을 직접 만나지 않아도 이런 일이 있다는 것 또는 이런 사람이 있다는 것을 알게 된다. 보기에는 소소해 보일지라도 그 작은 한걸음이 인생 전환기를 맞이하는 성인들에게 하나의 길을 제시하는 책이 되기를 바란다.

나이가 들어갈수록 더 심지가 깊어질 줄 알았건만 마음은 쉽게 노여워하고 서러워하는 마음이 들 때도 있다.

그래도 언젠가는 언제 어디서나 어긋나지 않는 '더불어 편안한 사람'이 되길 꿈꾸며, 누군가의 학생이 되기도 하고 누군가의 선생이 되기도 하며 평생학습을 하고 있다.

이 책이 나오기까지 수고해주신 율나무출판사에도 감사를 드린다.

조 광 연

# 찬찬하고 아름다운 평생교육 이야기

## 목 차

들어가는 글 ......................................................................... 3

찬찬하고 아름다운 평생교육 이야기 ................................. 10

1. 기초문해교육 ..................................................................... 19
1-1. 고덕 평생학습관 행복학교 졸업식 ............................. 23
1-2. 동화를 통해 배우는 어르신 리더십 ........................... 26
1-3. 수학수업에 대한 반응과 교사의 역할 ....................... 30
1-4. 노년학습자 수해력 강의방법 ..................................... 34
1-5. 중학 과정 수학 문해 ................................................... 39
1-6. 중학 과정 수학 문해 ................................................... 41
1-7. 중학 수학 문해 ............................................................ 44
1-8. 수학 교과를 활용한 학예활동 .................................... 46
1-9. 지혜 할머니 수학: 동영상을 활용한 강의 ................. 51
1-10. 천지인 자판을 활용한 한글 익히기 .......................... 53
1-11. 스마트기기 활동 교육: 스마트폰 활용 ..................... 57
1-12. 고덕평생학습관 원격교육 진행 ................................ 60
1-13. 문해교육 강사 역량 강화 교육 ................................. 62
1-14. 제 13회 전국문해교사대회 개최 ............................... 65
1-15. 2022년 디지털 문해교육 강사 연수 ......................... 68
1-16. 즐거운 문해 중3 수학여행 ........................................ 70

## 2. 학력보완교육 ......... 75
2-1. 2021년 2회 검정고시 시행 ......... 78
2-2. 경계선 지능 학습자들의 힘찬 지원군 ......... 82
2-3. 학교 밖 청소년 인디학교 ......... 86
2-4. 느린학습자 학생과 학습이야기 ......... 89
2-5. '서울 대안교육 협의회' 창립총회 개최 ......... 92
2-6. 홍천군청소년문화의집 ......... 95
2-7. 한국 여성 생활 발전의 주춧돌 ......... 97
2-8. 사이버 평생교육원: 학점은행제 강좌 ......... 100
2-9. 기상청 무료 운영 학점은행 ......... 105

## 3. 직업능력교육 ......... 110
3-1. 행복한 직장인을 위한 프로그램 진행 ......... 115
3-2. 하남시 장애인복지관: 청년대학 ......... 118
3-3. 학원운영자에서 사회복지사로 ......... 120
3-4. 야간학교장에서 인력사무소대표로 ......... 122
3-5. 기업이 찾아가는 직장인 평생학습 ......... 125
3-6. 팬데믹 시기의 현장실습 기관 구하기 ......... 127
3-7. 광진구 평생학습매니저 수료식 거행 ......... 130

## 4. 문화예술교육 ......... 133
4-1. 특성화 교실: 자서전 쓰기와 동화 읽기 ......... 136
4-2. 부부가 함께하는 발효연구소 ......... 142
4-3. 응봉교 아래서 꽃피우는 평생학습 ......... 145
4-4. 전업주부에서 전문화가로 평생학습 ......... 149
4-5. 10월 내 고장 예술이 피어난다 ......... 151
4-6. 관광테마마을 선정: 관인문화마을 ......... 153
4-7. 장애인레저스포츠협회 ......... 156

4-8. 발달장애인의 그림으로 이루는 행복 ......................................... 161

**5. 인문교양교육** ......................................... 163
5-1. 토박이 할아버지의 문화해설 ......................................... 166
5-2. 너를 위한 작은 별 B-612 ......................................... 168
5-3. 한국신(信)연구소 ......................................... 170
5-4. 한영성코칭연구소 ......................................... 172
5-5. 성직자의 영성평생교육의 대중화 실천 ......................................... 176
5-6. 공동체교육:노인과 함께 된장 만들기 ......................................... 179

**6. 시민참여교육** ......................................... 182
6-1. 이번 겨울엔 나도 산타가 되어보자! ......................................... 185
6-2. 광진구 주민자치와 협치 ......................................... 189
6-3. 시민참여교육 이야기 ......................................... 192
6-4. 광장동 사랑의 기부데이 ......................................... 200
6-5. 생태평화리더 양성과정 ......................................... 202
6-6. 고대 평생교육원: 생태환경전문가과정 ......................................... 204
6-7. 청소년 체험학습 현장: 목화솜 수확체험 ......................................... 206
6-8. 주민들이 기획·참여하는 지역축제 성황 중! ......................................... 208
6-9. 사회적 기업 러블리페이퍼 ......................................... 212
6-10. 사랑의 손수레 전달식 ......................................... 215
6-11. 기업의 사회공헌 활동 ......................................... 217
6-12. 한국장애인레저스포츠협회 송년회 ......................................... 221

찬찬하고 아름다운
평생교육 이야기

평생교육 이야기

## 찬찬하고 아름다운 평생교육 이야기

  대한민국 교육법에는 '모든 국민은 평생에 걸쳐 학습하고, 능력과 적성에 따라 교육받을 권리를 가진다'고 명기하고 있다. 평생교육은 말 그대로 전 생애에 걸친 학습을 말한다 할 수 있다.

  평생교육은 개인이 처한 문화적, 경제적 환경에 상관없이 개인과 사회 간의 협력과 균형 발전을 위한 기초를 제공하고 있다. 대한민국 또한 모든 국민이 평생학습을 통해 삶의 질을 향상시키고 행복을 증진시킨다는 지속가능발전목표를 제시하고 있다.

  전 생애에 걸친 교육이므로 그 대상과 범위는 대단히 광범위하다.

  평생교육하면 먼저 떠오르는 한글교실이나 검정고시 프로그램뿐 아니라 주민센터에서의 핸드폰 교육, 학부모 자녀교육 역량 강화, 문화센터의 각종 프로그램이나 동네 체조 모임까지 모든 것이 평생교육이다. 학점은행제 제도, 다양한 직업학교와 자격증 취득을 위한 프로그램 교육기관까지도 평생교육에 포함된다. 각 기관에서는 평생교육의 활성화를 위해 다양한 평생교육 바우처를 제공하고 있다.

우리가 주변에서 쉽게 접할 수 있는 평생교육 기관에는 평생교육사가 배치되어 활발하게 활동하고 있다. 이들은 평생 프로그램 개발과 관련된 업무, 학습정보 제공, 생애 능력 개발 상담과 교수 등 평생교육과 관련된 모든 일을 하고 있다. 평생교육사는 국가자격증이다.

한편으로 평생교육은 사회복지와 깊은 연관이 있다.

평생교육과 사회복지는 지향하는 바가 유사하며 긴밀하게 연관되어 있다. 평생교육은 인간은 언제나, 어디서나, 모든 것을 배우는 보편적 평생학습사회를 만드는 것을 목표로 한다. 즉, 태어나면서 죽을 때까지, 가정·학교·직장·사회 어디서나, 시민으로 살아가는데 필요한 모든 것을 배울 수 있는 사회를 만들고자 한다.

실제로 평생교육사와 사회복지사는 현장에서 공동사업을 많이 하게 된다. 마을 만들기 사업, 협치 사업, 주민자치사업, 공론장, 주민센터 등등 여러 곳에서 함께 일하게 된다.

장애인 평생교육에 관해서는 교육부 부설의 국립특수교육원(nise.go.kr)의 〈국가 장애인 평생교육 진흥센터〉 담당하고 있다. 이 센터의 운영목표는 장애인 평생교육 진흥을 통한 장애인의 사회참여 증진과 삶의 질 향상 도모이다.

이 글에는 저자의 교육경험과 더불어 저자가 운영하였던 인터넷 신문 [평생교육사회복지신문]에 기고하였던 글이 바탕이 되었다. [평생교육사회복지신문]은 평생교육과 사회복지에 관한 따뜻한 실천현장을 소개하는 신문으로 그 과정에서 만난 많은 현장실천가의 인터뷰가 실려 있다.

평생교육 실천현장에서 저자의 특강 내용도 본문에 실었다. 특강의 내용은 문해교사의 수해력 강의론과 느린학습자 교육론, 생태환경교육론과 생태와 문학, 동화 읽기를 통한 어르신리더십과 의사소통능력, 자서전 쓰기, 경계선지능 학습자 지도방법, 사이버 대학에서의 리더십 강의 등이다.

자는 6대 영역을 모두 경험하였다. ①기초문해교육으로서의 평생학습관 중학학력인정 문해수업. ②학력보완교육으로서의 고졸검정고시 지도와 대학 학점은행제 과정 수업과 지도. ③직업전문교육으로서의 직업전문학교 운영. ④문화예술교육으로서의 시인 등단과 문인협회 활동. ⑤인문교양교육으로서의 동화 낭독극 강의와 자서전쓰기 강의. ⑥시민참여교육으로서의 주민자치위원회와 주민참여예산위원 등의 풀뿌리민주주의에 대한 경험과 평생학습매니저 양성과정과 평생학습 마을 만들기를 현장에서 경험하였다.

또한 이 시기에는 코로나로 인해 대면 학습에 어려움을 겪었으며 이로 인한 다양한 비대면 교수연구방법 논의가 활발하게 진행되기도 했다. 현재는 비대면 교육이 보편적 학습방법이 되었고 그에 따라 이 시기의 교수 방법을 소개한 글도 그대로 실었다.

저자의 경험을 바탕으로 평생교육의 6대 분류로 나누어 책을 엮었다. 각 영역의 간단한 개념을 소개하고 현장에서 어떻게 이루어지는지 구체적 사례를 소개하고자 한다.

보편적 학습사회 실현을 주장하는 대한민국의 평생학습 분류체계는 평생교육 6진체제[1] 이다.

대한민국의 평생교육 6진 체제는 모든 국민이 경험하는 전 생애 동안의 학습궤적(lifelong learning trajectory) 6개의 경로를 상징한다. 그 경로는 기초문해교육으로 시작하여 학력보완교육, 직업능력교육, 문화예술교육, 인문교양교육, 시민참여교육으로 이어지는 평생교육의 의미와 가치가 반영되어 있다.

첫째는 인간이 동물과 다르게 문자를 배우고 익히며 문명인으로 성장하는 새싹의 초록 색감으로 상징화되는 기초문해교육이다.

100년의 역사를 가지고 있는 기초문해교육은 한글 기초교육과 생활 문해 프로그램을 진행하고 있다. 예전에는 야학이나 공장 근로자를 위한 교육기관 등에서 진행하였던 성인을 위한 기초교육 프로그램 또한 이 범주에 들어간다. 지금은 지식이나 기술이 빠르게 변하고 있다. 식당에 가서 음식을 주문할 때도 키오스크를 사용해야 하고 스마트폰은 단순한 전화기 이상의 기능을 하고 있다. 따라서 기초문해의 폭도 넓어지고 있다. 고전적 한글 문해와 더불어 노인세대를 위한 디지털 문해 등의 생활 문해가 더욱 필요해지고 있다. 문해교육을 담당하는 국가기관은 국가평생교육진흥원의 국

---

1 김진화(2009)에 의해 개발되어 국가평생교육진흥원에서 사용하는 대한민국 평생교육 분류체계이다. 2023년 평생교육법이 개정되면서 '성인 진로개발 역량 향상교육'이 추가되어 7대 영역으로 분류하고 있다. 저자는 기존의 6진 분류를 그대로 적용하여 책을 구성하였다.

가문해교육센터(le.or.kr)이다.

저자가 가장 오랫동안, 많이 접했던 학습자는 문해교육 학습자들이다. 노년의 학습자들을 위해 익숙한 전래동화를 활용한 창체 활동을 많이 진행하였다.

여성생활 연구원에서 진행한 전래동화 낭독극의 장면.

둘째는 한글을 깨우친 아동이 노란색 버스를 타고 학교에 등교하는 색감으로 상징화되는 학력보완교육이다.

학교교육보완과 학력인증을 위한 프로그램이다. 학점은행제, 중등학력 검정고시 그리고 유아대상 교육이나 초등대상 연계 교육 등이 여기에 속한다. 넓은 의미에서 보자면 기존의 학교 정규프로그램 이외의 방과 후 교육 프로그램이나 학부모와 지역주민 대상 교육 프로그램을 운영하는 것이나 학생들이 지역에서 자연체험, 직업체험을 위한 학교학습지원을 위한 지역위원회 활동을 하는 것 또한 학력보완 교육이다.

거기에 더해 평생교육의 제 일 영역으로 100년 이상의 역사를 가진 기초문해교육과 학교 교육의 교육지표로 자리를 잡아가는 기초소양(literacy) 교육, 모든 학생의 문해력, 수해력 향상을 보장하는 학교 교육, 느린학습자 학습권 보장 운동 등 평생교육의 이 영역인 학력보완교육과 학령기 학교 밖 청소년의 학습권 보장 운동 등도 여기에 속한다고 볼 수 있다.

셋째는 직업능력교육이다. 이것은 청운의 꿈을 상징하는 파랑의 색감으로 상징화되는 평생교육체제를 뜻한다.

각종 자격증 취득이나 창업과정 준비 같은 취·창업 자격인증과 직무개발 영역이다. 국가에서는 개인의 직업능력교육을 위한 다양한 제도를 시행하고 있다. 예를 들면 교육비용을 지원하기 위한 국민내일배움카드는 국민의 자율적 직업능력개발을 지원하기 위하여 직업능력개발훈련비용을 지원하는 계좌(직업능력개발계좌)를 발급하고 직업능력개발 이력을 종합적으로 관리하는 제도이다.

각 지자체에서도 각종 센터에서 능력 개발을 위한 프로그램을 운영하고 있다. 평생교육 기관들에서는 수준 높은 강의를 하고 있으며 보다 구체적이고 직업 연관성이 높은 각종 강의가 다양하게 준비되어 있어 실제 취업이나 자격증 취득이 가능하다.

넷째는 사회구성원이 각자의 삶을 풍요롭게 하는 취미·오락과 문화예술을 경험하고 향유 하도록 지원하는 오렌지빛 색감의 문화예술교육 평생교육체제를 의미한다.

문화예술교육은 문화 예술적 상상력과 창의력을 촉진하고 문화예술 행위와 기능을 숙련시키는 일련의 과정과 일상생활 속에서 문화예술을 향유하고 접목할 수 있는 능력을 개발하는 평생교육이다. 간단히 문화예술 향유와 활용능력을 기르는 과정으로 문화, 예술, 스포츠 체험과 활동이다.

구체적 활동으로는 예술공연 관람이나 사진 강좌, 레저활동 강좌 등의 프로그램을 듣는 과정이다. 기관이나 단체에 가입하는 활동뿐 아니라 동네 사람들이 자연스럽게 모여서 운동을 하는 것 또한 평생교육이다.

어려서부터 동물 그림만 그린 발달장애 2급 청년의 작품.

위의 그림은 발달장애 2급인 청년이 그린 그림이다. 어려서부터 동물 그림만 그린 청년은 그림을 그릴 때가 가장 행복하다고 한다.

다섯째는 인문교양교육 부분으로 모든 국민이 전 생애 동안 다양한 교양을 쌓고 소양을 개발하며 자신만의 보라빛 인생을 꿈꾸도록 하는 평생교육체제를 말한다.

건강한 생활소양과 인문교양개발을 목적으로 한다. 구체적 프로그램으로는 역사교육, 부모교육, 생활 외국어뿐 아니라 생활 의료교육이나 정신건강교육 등도 포함된다. 이동 버스인 B-612는 청소년의 작은 쉼터가 되고 있으며 노인들과 함께 전통 장을 만들기도 한다. 한국신(信)연구소. 한영성코칭연구소. 성직자의 영성평생교육의 대중화 실천 같은 인문학과 정신연구의 결합도 여기에 해당한다.

여섯째는 시민참여교육이다. 이것은 어엿한 한 시민이 되어 성숙 된 열정을 쏟아내는 빨강의 색감으로 상징화되는 사회적 책무성과 공익적 활동을 강조하는 평생교육체제를 의미한다.

시민 책임성과 지역사회 참여 프로그램이다. 주민자치 교육이나 활동, 지역 활동가, 자원봉사 활동이나 재능기부 활동이 여기에 포함된다. 또 각 기업의 사회적 기여 프로그램도 여기에 해당한다. 우리와 가까운 조직활동은 풀뿌리민주주의 중심이 주민자치위원회를 예로 들 수 있다. 고장 난 동네 운동시설을 신고하거나 동네 뜨거운 인도에 그늘막 설치 요청 같은 활동도 모두 시민참여에 해당한다.

지금까지 평생교육 6진 분류와 개념을 간단하게 말하였다. 아래는 색으로 본 평생교육 6진 분류이다.

색으로 본 평생교육 6진 분류

 저자는 30여년 동안 때로는 학습자가 되기도 하고 때로는 교사를 하며 평생학습을 하고 있다.

 다양한 평생학습 현장에서 성인 학습자들, 특히 중년 이후 학습자들은 특징을 가지고 있다는 것을 체감했다. 저자도 물론 같은 경험을 하고 있다. 성인 학습자들은 상대적으로 느리고 화려한 목적을 가지고 있지 않지만 그들만의 방법으로 배움을 이어나고 있다. 이러한 성인 평생학습의 방법으로 천천히, 꼼꼼하고 자상하게, 그리고 빛이 나며 아름답다는 의미를 가진 '찬찬히'라는 표현을 가진 '찬찬한 배움'으로 설명하였다.

찬찬하고 아름다운
평생교육 이야기

1. 기초문해교육

## 1. 기초문해교육

평생교육 육진 분류 중에서 첫째로 인간이 경험하는 학습궤적의 시작은 기초문해교육이다. 기초문해교육은 한글을 읽고, 쓸 수 있도록 하는 문자해득능력과 생활 속에서 직면한 문제를 해결하고 주어진 과업을 수행할 수 있는 문해활용능력을 개발하는 평생교육이다. 기초문해교육은 간단히 언어적 기초와 활용 교육이라고 할 수 있다.

기초문해 교육은 한글 기초교육과 생활문해 영역에 해당하며 크게 내국인 한글문해 프로그램, 다문화 한국어 프로그램, 생활문해 프로그램의 영역이 있다.

구체적 프로그램을 간단히 언급하면 아래와 같다.

첫째, 내국인 한글문해 프로그램이다. 이 프로그램은 내국인 중 비문해자가 한글을 읽고 쓸 수 있는 문자해득능력을 갖도록 체계적으로 지도하는 프로그램이다. 예를 들면, 찾아가는 한글교실(초급), 한글교실(중급), 미인정 한글강좌 등이다.

둘째, 다문화 한국어 프로그램이다. 이 프로그램은 외국인 중 비문해자가 한글을 읽고 쓸 수 있는 문자해득능력을 갖도록 체계적으로 지도하는 프로그램이다. 예를 들면, 다문화 한국어교육, 이주노동자 가족 문해교실, 귀화인 한국어교육 등이다.

셋째, 생활문해 프로그램이다. 이 프로그램은 문자해득 후 한글을 응용하여 직면한 문제를 해결하고 주어진 과업을 수행할 수 있는 문해활용능력을 개발하도록 지원하는 프로그램이다. 예를 들면 스마트폰 활용, 기초 컴퓨터교육, 한글 시화전 등이다.

성인문해 중학과정 수학교과서(출처: 미래엔 홈페이지)

문해교육을 담당하는 국가기관은 국가평생교육진흥원의 국가문해교육센터(le.or.kr)이다. 국가문해교육센터에서는 아래와 같은 사업을 진행하고 있다.

1. 성인문해교육 프로그램운영 지원
2. 문해교육 촉진을 위한 각종 홍보 및 민·관·기업 협력
3. 문해교육 통계 및 실태조사 실시
4. 문해교육 교원연수 및 보수교육 추진
5. 시·도 문해교육센터 관리 및 지원

6. 문해교육 종합정보시스템 운영

7. 그 밖에 교육부장관이 필요하다고 인정한 사항

2017년에 실시한 전국의 문해교육 기관 현황을 살펴보면 다음과 같다.

지역별로 살펴보면, 경기가 146개(17.1%)로 가장 많으며, 서울(118개, 13.8%), 부산(81개, 9.5%), 전북(67개, 7.8%), 대구(54개, 6.3%) 순으로 많았다. 또 서울, 경기 및 광역시의 비중이 58.4%로 비교적 높으며, 광역시를 제외한 비수도권의 비중은 상대적으로 낮았다.

성인문해교육 기관의 설립 주체는 법인체(385개, 45%)가 가장 많으며 비영리 민간단체 (215개, 25.1%), 평생교육 기관(164개, 19.2%) 순으로 높게 나타났다. 기타로는 지방자치단체, 지자체 직영, 복지관, 공립학교, 공공기관 등이 있다.[1]

2023년의 최근 문해교육 기관 및 학습자 현황은 아래와 같다.[2]

[학력인정자 수]                                                                                              (단위: 명)

| 구분 | 서울 | 부산 | 대구 | 인천 | 광주 | 대전 | 울산 | 세종 | 경기 | 강원 | 충북 | 충남 | 전북 | 전남 | 경북 | 경남 | 제주 | 계 |
|---|---|---|---|---|---|---|---|---|---|---|---|---|---|---|---|---|---|---|
| 초등 | 5,686 | 1,270 | 949 | 276 | 564 | 466 | 331 | 19 | 3,028 | 375 | 210 | 1,425 | 599 | 1,442 | 400 | 831 | 72 | 17,943 |
| 중학 | 1,367 | 53 | 617 | 8 | 318 | 313 | 129 |  | 983 | 26 | 23 | 175 | 11 | 83 | 32 | 26 | 41 | 4,205 |
| 합계 | 7,053 | 1,323 | 1,566 | 284 | 882 | 779 | 460 | 19 | 4,011 | 401 | 233 | 1,600 | 610 | 1,525 | 432 | 857 | 113 | 22,148 |

---

1 2019.1. 국가평생교육진흥원 발표. 성인문해교육기관 현황. 2018년. 전국문해교육 국가문해교육센터
2 출처: 국가평생교육진흥원. 2023.

# 1-1. 고덕 평생학습관 행복학교 졸업식
### 전국 곳곳에서 기관별로 문해학교 졸업식 진행

2월 20일(월요일) 11시 고덕행복학교 졸업식이 서울시교육청 고덕평생학습관(관장 최선희) 2층 3강의실에서 조촐하게 열렸다.

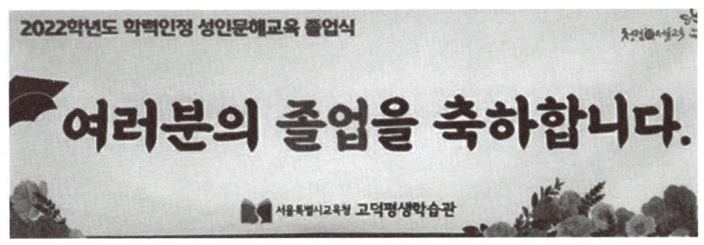

서울시교육청 고덕평생학습관 행복학교 졸업식 플랜카드

이번 졸업식에는 중학과정을 졸업한 아홉 분 학습자, 네 분의 담당 문해교사 그리고 다섯 분의 평생학습관 관계자가 참석하였다.

고덕행복학교는 학력인정 문해교육 중학과정을 운영하고 있으며 2년 동안 프로그램을 이수하면 정식으로 중학교 졸업장을 받을 수 있다.

최선희 관장은 졸업축사에서 "축하합니다. 여러분들의 공부에 대한 열기에 학습관이 뜨거웠고, 여러분들의 웃음소리에 학습관이 기뻤습니다. 노년에 열심히 하는 모습에서 저와 모든 관계자들이 배우며 기뻤습니다."라고 하였다.

또 졸업식에 참여한 남한진 등 관계 실무진들도 함께 기뻐하며 축하의 인사를 건넸다.

이번에 졸업하는 학습자들은 2020년 코로나가 극성을 부릴 때 입학하였다. 입학 초기부터 비대면 온라인 수업방식의 어려움을 겪었음에도 끈기를 가지고 공부하여 오늘 졸업하였다. 야외수업도 2022년에 겨우 몇 번 진행 하였다. 그럼에도 반 학습자들의 화합이 잘 이루어졌다.

졸업생들에게 준 꽃과 개인 도장 선물

이 반은 수업 시작 10분 전에 벤치에 모두 모여 함께 교실로 들어오던 다정한 반이다. 최연소 졸업생의 나이는 70세이고 최연장 졸업생은 87세이다. 졸업생 중 네 분이 상급학교로 진학을 하였다. 졸업한 분들에게는 개별 졸업앨범이 제공되었고 선물로 꽃과 개인 도장을 드렸다.

졸업하는 노년학습자들은 졸업이라는 큰 선물에 스스로 감격하면서도 그 감사함을 친구 학습자와 선생님 그리고 기관에 돌렸다. 졸업자들은 마음에서 우러나오는 자신감을 이후 인생에서도 이어가자고 다짐하였다.면서도 그 감사함을 친구 학습자와 선생님 그리고 기관에 돌렸다. 졸업자들은 마음에서 우러나오는 자신감을 이후 인생에서도 이어가자고 다짐하였다.

[평생교육사회복지신문. 조광연 편집위원. 2020.06.26.]

# 1-2. 동화를 통해 배우는 어르신 리더십
### 전래동화를 통한 성격의 다름에 대한 이해

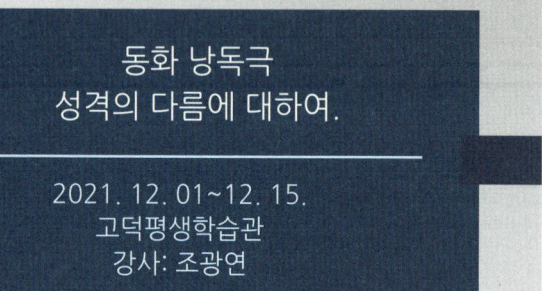

**저자가 고덕평생학습관에서 진행한 동화를 통한 어르신 리더십 강의**

저자는 2014년부터 중학 문해교육 교사를 했다.

새로운 학년이 시작될 때마다 나이 드신 분들의 열정과 노력에 존경심이 생기곤 했다. 늦은 나이에 중학교 과정에 도전하는 개인적인 이유는 다양하지만, 학습자들의 용기는 한결같다. 교사인 저자도 학습자들과 함께 공부하고 배우며 인생을 배우고 있다.

교육이 이루어지는 다른 교실과 마찬가지로 중학 문해 교육 학습자들 또한 교실에서 갈등이 발생한다. 10년 동안 문해 교사를 하면서 이 문제로 난감한 때가 종종 있었다. 그때마다 어떻게 하면 갈등을 자연스럽게 감소시킬까 고민하였다. 저자는 '전래동화를 통한 성격의 다름에 대한 이해'라는 주제로 낭독극을 만들어 보기로 하였다. 갈등의 원인을 함께 해결하고 다툼 없는 교실 만들기 수업계획을 작성하고 진행했다.

  이 수업은 실제로 효과가 있었다. 교실에서 갈등의 횟수가 줄어드는 것을 직접 경험하였다. 더불어 서로 다름을 인정하는 수업을 통해 개인의 역량도 강화되는 결과도 있었다. 저자가 진행한 전래동화 낭독극을 소개하고자 한다.

  '자기 성장 동화와 함께하는 다툼 안 하는 어르신'이라는 주제로 진행된 강의는 서울시 고덕 평생학습관, 남양주 알찬평생학교에서 강의를 하였다.

  어르신들에게도 익숙한 전래동화를 읽고 낭독극으로 구성하는 방식으로 낭독자들은 각자의 역할을 맡아서 자신의 대사를 읽으며 극을 진행하였다. 극의 집중도를 높이기 위해 종이 가면을 활용하였다. 교재는 『자기 성장 전래동화』(조광연 저. 율나무 출판사. 2021.)를 활용하였다. 이 전래동화책은 저자가 꼭지마다 생각할 수 있는 주제를 제시하여 구성한 것이다. 어린이의 눈높이에서 자기 성장을 이룰 수 있는 주제로 부모와 함께 동화를 읽고 자기 성장 꼭지를 함께 이야기할 수 있게 만들었다.

  노년 학습자들은 동화를 낭독하고 역할극을 하면서 서로를 이해하는 좋은 학습이 되었다. 또 어린 손주들에게 전래동화를 들려줄

수 있어 세대 간의 유대감도 좋게 할 수 있다.

각 수업의 첫 시간에는 개개인의 성격이 서로 다름을 알기 위해 '조해리의 창'이나 BIG5 성격검사 등을 활용하여 각자의 성격이나 사회 구성원이 다양하다는 것을 알아보고 어떤 성격이든 장단점이 있음을 상기하였다.

이후 전래동화를 자신의 대사를 낭독하고 다른 이들의 대사에도 귀를 기울이며 상대방 역할에 대한 이해를 해 나갈 수 있다. 다름에 대한 이해를 통해 사회 구성원 간에 대한 이해도를 높여 다툼을 줄여나갈 수 있었다.

낭독극을 하며 서로에 대한 이해도를 높이고 이는 결국 주변인들에 대한 이해도를 높여 리더십 역량을 강화하는 것이 최종목표다. 어르신의 리더십 역량 강화는 본인들이 가진 인생 경험을 개인의 경험으로 그치는 것이 아니라 사회에 대한 경험으로 녹여내며 여러 가지 갈등을 해소할 수 있는 초석이 될 수 있다.

▶ 프로그램 목표

① 동화라는 친숙한 이야기 안에서 놓친 것들을 발견하는 즐거움을 맛보게 한다.

② 개별성과 보편성의 양면으로 만들어가는 서사적 정체성에 대한 이해를 한다.

③ 공동체 생활에서 차이에 대한 존중을 통하여 다양성에 대한 이해를 넓힌다.

④ 사회 화합을 위한 민주적 토론기법을 배우고 익힌다.

⑤ 자서전 쓰기를 통해 자주적이고 공동체적인 시민사회 일원으로 인생설계를 시도해 본다.

아래 표는 다툼 안 하는 교실을 만들기 위한 강의 계획서이다.

| 문해교육 (창체)학기 계획서 ||||||
|---|---|---|---|---|---|
| 회차 | 단원명 | 주요 내용 || 수업 시수 | 비고 (수업도구) |
| 1.<br>4월<br>7일 | 동화낭<br>독극<br>1회 | *성격의 다름에 대하여<br>1. BIG5 성격검사<br>1. <용감한 반쪽이> 전래동화 시청<br>1. <용감한 반쪽이> 전래동화 읽기와 말하기<br>1. <용감한 반쪽이> 전래동화 낭독극 만들기 || 2T | 컴퓨터와 빔 프로젝트: 학습관준비<br>성격검사지: 강사준비 |
| 2.<br>4월<br>7일 | 동화낭<br>독극<br>2회 | *다양한 경험과 다양한 관점<br>1. 조해리의 창– 나의 관점<br>1. <방귀쟁이 며느리> 전래동화 시청<br>1. <방귀쟁이 며느리> 전래동화 읽기와 말하기<br>1. <방귀쟁이 며느리> 전래동화 낭독극 만들기 || 2T | 컴퓨터와 빔 프로젝트: 학습관준비<br>전주의 성격검사결과: 강사준비 |
| 3.<br>4월<br>7일 | 동화낭<br>독극<br>3회 | *화합하는 우리마을(반)<br>1. 튼튼한 집 만들기 실험<br>1. <의좋은 형제> 전래동화 시청<br>1. <의좋은 형제> 전래동화 읽기와 말하기<br>1. <의좋은 형제> 전래동화 낭독극 만들기 || 2T | 컴퓨터와 빔 프로젝트: 학습관준비<br>튼튼한 집 만들기 재료: 강사준비 |
| 4.<br>4월<br>28일 | 동화낭<br>독극<br>4회 | *어르신의 리더쉽–비행기 날리기<br>1. <토끼의 재판> 전래동화 시청<br>1. <토끼의 재판> 전래동화 읽기과 말하기<br>1. <토끼의 재판> 전래동화 낭독극 만들기<br>1. 친구 칭찬 편지 비행기 날리기 || 2T | 컴퓨터와 빔 프로젝트: 학습관준비<br>색종이: 강사준비 |

# 1-3. 수학수업에 대한 반응과 교사의 역할.
### 문해교육 현장에서 수학수업에 대한 반응과 교사의 역할.

 중등 문해를 배우고 있는 성인 학습자들은 수학과목을 무척 어려워한다. 수식이나 입체도형 같은 추상적, 공간적 개념을 이해하고 식을 만들고 하는 과정에 어려움을 겪는 것이다.

 노년의 학습, 특히 수학이 얼마나 어려운지 알 수 있는 학습자들의 이야기 중 재미있는 일화를 소개하고자 한다.

 노년의 할머니 학습자는 집에서 방정식 숙제를 풀고 있었다. 너무 어려워서 머리가 아플 지경이었다고 한다. 힘들어하는 부인을 보고 남편이 수학이 뭐 그리 어렵다고 그러느냐, 공부를 그만 두어라고 잔소리를 했다고 한다. 그렇지 않아도 힘든데 남편의 잔소리에 화가 난 부인은 그럼 당신은 이 방정식을 풀 수 있느냐고 물었다고 한다. 그리고 남편은 조용해 졌다고 한다.

 ▷중등 문해교육 현장에서 수학 수업에 대한 학습자들의 반응.
 1. 아유. 배우면 금방 잊어버린다.
 2. 이해가 안 된다. 모르겠다(가슴이 무너진다).
 3. 칠판이 안 보인다. 크게 써 달라.

4. 나는 다 안다. 못 풀어서 그렇지.

5. 수학 이거 왜 배우느냐.

6. 수학 시간이 제일 좋다.

수업을 이해하는 것에 어려움을 겪는 노년의 학습자들에게는 특히 교사의 역할이 중요하다. 저자는 아래와 같은 목표를 가지고 수업을 진행한다.

▷중등 문해교육 현장에서 수학 수업에 대한 교사의 역할.

1. 학습의욕을 살려주는 과목, 교사(수학 때문에 포기 하지 않도록 해야 한다).

2. 일상생활을 더 자신감 있게 만들어 주는 과목(생활 관련 소재를 구체적인 예로 들어 수업을 진행한다).

3. 의사소통 능력과 논리적 사고력을 길러주는 과목(생각을 수학적 글쓰기(수식)로 표현하고 설명하는(풀이) 과정이다).

위의 구체적인 목표 아래 진행한 수학 교육법은 다양했다.

도형을 어렵게 생각하는 학습자들에게 칠판에 그리는 2차원적 그림이 아니라 실제 도구를 활용하여 눈에 보이는 도형의 모습을 보여 주었다. 또 도형 수업에 직접 참여하여 도형에 대한 구체적인 개념을 가질 수 있게 하였다. 도형의 이미지를 활용한 글쓰기나 그림, 또는 꼭짓점, 선분, 각을 직접 몸으로 움직여 만들어 보기도 하였다.

그중 한 가지 예로 도형을 활용한 시화전을 들 수 있다.

삼각형이나 사각형 등의 도형을 배운 학습자들이 좋아하는 도형을 선택하게 하였다. 그리고 그 도형의 성질을 생각하고 좋아하는 이유를 적어 보도록 하는 것이다.

우리 삶과 도형

우리는 수학 시간에 도형을 배운다.
도형들은 많은 이름을 가지고 있다.
이름도 날카로운 각뿔 도형 둥글둥글한 원이란 이름도 있다.

우리네 삶에도 각도 있고 선도 있다. 둥글둥글한 원같은 삶도 있다.

수학의 공식과 같이 우리의 삶도 공식 같다.
나의 삶은 사각형이었으면 한다.
각은 있지만 상자로 변하면 좋은데 많이 쓰인다.

삶과 도형을 연결한 시. 학습자가 도형의 이미지를 체화하는 결과물이다.

▷ 구체적 교사의 역할 결론

　수학문해 수업을 진행하며 교사의 역할에 대한 구체적 결론을 보면 아래와 같이 설명할 수 있을 것이다.

　1. 교과서를 100%이해하고 활용하자.

　2. 계획된 진도를 모두 마치려고 하지 말자( 학습자의 이해정도에 맞추기, 하나만 가르치자).

　3. 구체적 실물, 사진을 활용한 활동적 학습을 많이 도입하자.

　4. 결국 학습자들은 다 다를 수 있다는 생각으로 개별화 학습을 염두에 둔 강의를 준비한다.

5. 꼭 필수적인 부분은 반복학습으로 심층학습을 하자(Deep Practice).

6. 처음 수업 2개월 정도는 수업의 내용을 모두 외워서 수업하자(그래야 학습자의 반응에 잘 대응하는 교수자가 될 수 있다).

7. 학습자의 소리에 귀를 기울이자(학습자로부터 배우자).

8. 교과학습이 중요한 것이 아니라 놀이가 필요해서 학교에 오는 학습자도 있음에 유의한다(놀이도 학습이다).

9. 학생이 안 되는 것은 풀지 말자(경계선지능 학습자 강의 경험에 의한).

10. 학생이 하는 행동은 이해할 수밖에 없다.

# 1-4. 노년학습자 수해력 강의방법
이천 초등문해교육 강사 역량강화교육. 초빙강사 : 조광연

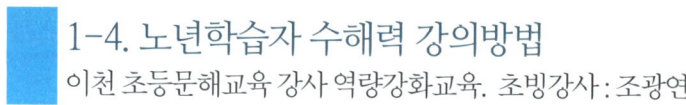

온평생교육연구소(대표: 김인종)가 주최한 '노년 학습자 학습 연구를 위한 이천 초등문해교육 강사 역량강화교육'이 이천 평생학습관에서 열렸다. 저자는 노년 학습자를 위한 수학 연구 방법에 관한 강의를 진행하였다. 내용을 간단하게 소개하고자 한다.

우선 노년의 학습에 대해 여러 이론을 살펴보고 노년 문해 학습자들을 위한 학습방법을 제시하였다. 느린 학습자를 위한 문해 교육 학습방법의 주제어는 '찬찬히 배움학'이라 할 수 있다.

'찬찬히'라는 단어의 사전적 의미는 다음과 같다.

• 찬찬히: 성질이나 솜씨, 행동 따위가 꼼꼼하고 자상하게. 동작

이나 태도가 급하지 않고 느릿하게.

- 찬찬히[燦燦히]: 번쩍번쩍 빛이 나며 아름답게.

이런 특징을 갖는 느린 학습자들에게 어떻게 수업을 진행할 것인지 소개하였다.

문해력과 수해력에 대한 간단한 개념과 학습자가 어떤 부분이 취약한가에 대하여 점검하고 취약한 부분에 대한 보충방법을 설명하였다. 기본적인 연산에서부터 도형이나 경우의 수 같은 경우에는 실제로 주변에 있는 사물들을 이용하여 쉽게 이해하고 접근할 수 있도록 유도하였다.

문해력: 읽고 (비판적으로)이해하고 쓸 수 있다.

수해력: 1)읽고(듣고, 보고) 2)이해하고 3)수식을 세우고 4)계산할 수 있다.

이에 대한 예시를 들어보자.


▶ 수해력1. 연산 – 덧셈, 뺄셈.

우리 집에 고양이가 3마리, 강아지가 2마리 있습니다. 우리 집의 동물은 모두 몇 마리입니까?

1) (세상을) 읽고(듣고, 보고) : 듣고는 답을 합니다. 보고도 좀 쉬워합니다. 읽기가 안 됩니다. 읽기훈련을 해야 합니다.

2) 이해하고 : 이해를 위하여 3, 2, 동물, 모두에 동그라미를 해야 합니다. 내용에 집중하여 필요한 정보를 기억해내야 합니다.

3) 수식을 세우고: 3+2= . 이 식을 세워야 합니다. 여기에 지식이 필요합니다.

4) 계산할 수 있다: 3+2=5. 계산을 합니다. 여기에 반복훈련이 필요합니다.

▶ 수해력2. 연산 – 곱하기

문) 희망, 배움, 지혜 반 세 반에 도서상품권을 4장씩 상품으로 줍니다. 도서상품권은 모두 몇 장이 필요 할까요?

1) (세상을) 읽고(듣고, 보고) : 듣고는 답을 합니다. 보고도 좀 쉬워합니다. 읽기가 안 됩니다. 읽기훈련을 해야 합니다.

2) 이해하고 : 이해를 위하여 세 반, 4장씩, 모두 몇 장에 동그라미를 해야 합니다. 내용에 집중하여 필요한 정보를 기억해내야 합니다.

3) 수식 세우고: 3X4=. 이 식을 세워야 합니다. 여기에 지식이 필요합니다.

4) 계산할 수 있다: 3X4=12. 계산을 합니다. 여기에 반복훈련이 필요합니다.

▶ 수해력3. 연산 – 곱하기, 나누기.

옥수수 한 개가 커지면서 3개의 팝콘으로 분열합니다. 모두 분열하는 과정에서 팝콘 한 개는 망가져서 14개의 팝콘이 되었습니다. 원래 옥수수는 몇 개였나요?

  1) (세상을) 읽고(듣고, 보고) : 듣고는 답을 합니다. 보고도 좀 쉬워합니다. 읽기가 안 됩니다. 읽기훈련을 해야 합니다.

  2) 이해하고 : 이해를 위하여 3배, 한 개 망가져서(-1), 14개 되었다. 원래 옥수수는 몇 개(X, 답)에 동그라미를 해야 합니다. 내용에 집중하여 필요한 정보를 기억해내야 합니다.

  3) 수식 세우고: 3X -1= 14. 이 식을 세워야 합니다. 여기에 지식이 필요합니다.

  4) 계산할 수 있다: 3X = 14+1=15 . X = 5 계산을 합니다. 여기에 반복훈련이 필요합니다. 계산 과정을 쓰는 것도 반복훈련을 통해 익숙해져야 합니다.


▶수해력4. 기호의 혼돈 : +, -, ×, ÷

3 + 5 = □    □=8

3 ┿ 5 = □    □=8

3 ├ 5 = □    □=8

3 × 5 = □    □=8

3 x 5 = □    □=8


▶수해력5. 도형, 도형의 넓이, 경우의 수, 방정식.

1. 사각형: 사다리꼴 - 평행사변형 - 마름모 - 정사각형 - 직

사각형

    : 좋아하는 사각형 이름은? 이유는? 생김새는?

    : 좋아하는 도형의 성질과 이유를 글로 써보기.

      1-1. 도형 그려보기.

      1-2. 연극하기: 도형의 특징을 설명하고 직접 연극해보기.

  2. 입체도형: 위 – 뿔, 뿔 아니면 기둥. 밑 – 삼각, 사각, 오각, 원기둥 등.

    : 좋아하는 입체도형 이름은? 이유는? 생김새는?

    : 좋아하는 도형의 성질과 이유를 글로 써보기.

      2-1. 육면체 그리기.

      2-2. 원기둥의 그리기.

  3. 경우의 수 – 열쇠풀기

  4. 방정식 이해 – 반복훈련. Deep Practice.

# 1-5. 중학 과정 수학 문해
중학 과정 수학 문해: +, −, ×, ÷ 알아보기

저자는 서울시교육청 고덕평생학습관 행복학교에서 문해 교육 수학과목을 2014년부터 수업하였다. 학습자들은 성인 중학 학력 인정과정의 노년 학습자들로 평균연령은 70대 중반이다. 수학은 학습자들이 특히나 어려워하는 과목이다. 수업은 학습자들의 특성에 맞는 수준별 강의를 진행하였으며 쉬운 이해를 돕기 위해 여러 도구와 그림들을 활용하였다. 구체적으로 눈에 보이는 모양과 색으로 학습자들이 쉽게 연산을 이해하도록 하였다. 동그란 색깔 자석을 활용한 수와 식에 관한 수업 화면이다.

▶학습 목표: +, −, ×, ÷ 알아보기

① 더하기

수학 (수와 식)으로 표현하세요

$3+3+3+3=12$

② 더하기와 곱하기

수학(수와식)으로 표현하세요

3+3+3+3=12
3×4=12

③ 더하기와 곱하기가 섞여 있는 식

수학(수와식)으로 표현하세요

3×4+2=14

# 1-6. 중학 과정 수학 문해
중학 과정 수학 문해: 도형의 넓이 구하기

위에서 언급한 것처럼 중학 학력인정과정의 노년 학습자들은 수학을 특히 어렵게 생각하였다. 학습자들의 이해를 돕기 위해 여러 가지 도구를 활용하였으며 그중에서 플라스틱판과 줄자 등을 활용한 수업방법을 소개한다.

직접 줄자를 사용하여 교실의 크기를 측정하는 방법으로, 특히 추상적인 수학적 개념을 눈에 보이는 구체적인 사물을 제시함으로서 학습자들의 참여를 유도하고 흥미를 유발하는 좋은 방법이다.

아래 그림은 규칙적인 점이 있는 판과 고무줄을 활용해 만든 도형의 넓이 구하기 수업화면이다.

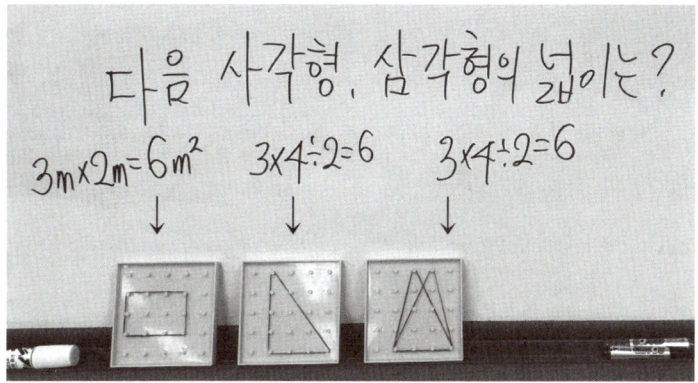

고무줄로 만든 오각형의 가로, 세로, 높이를 표시하면 아래와 같다.

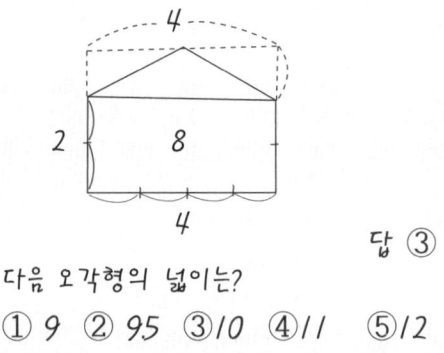

다음은 줄자 등을 활용한 도형의 넓이 구하는 수업 방법이다. 학습자들이 직접 줄자를 사용해 교실의 가로, 세로를 재는데 사용하였고, 전자줄자로는 교실의 가로, 세로뿐 아니라 높이까지 잴 수 있다.

열쇠는 경우의 수를 학습하기 위한 도구로 활용하였다. 4개의 번호 중에서 2개만 비밀번호 설정하고 그를 풀어보는 방법을 연구하였다. 열쇠 같은 일상도구를 활용함으로서 학습자들이 직접 참여 할 수 있도록 하는 방법이다. 특히 수학을 어렵게만 생각하는 학습자들에게 흥미를 유발하고 이해를 돕기 위한 좋은 방법이다.

수업 시간에 줄자와 전자 줄자를 이용하여 교실의 가로, 세로를 측정하여 사각형의 넓이를 구하는 방법으로 공부하였다.

사각형의 넓이를 구한 다음에는 어림으로 넓이 재기 수업을 진행하였다. 성인학습자들에게 친숙한 단위인 '평'의 개념을 함께 공부하는 과정으로 학습자들이 즐겁게 수업에 참여하였다.

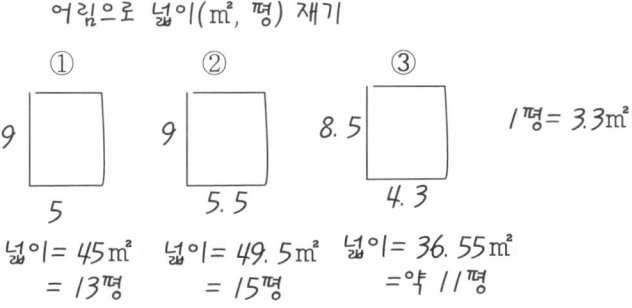

# 1-7. 중학 수학 문해
중학 수학 문해: 입체도형

성인 중학 문해 학습자들의 이해를 돕기 위해 문해 교사들을 중심으로 중학 학력인정 문해교육 학습자들을 위해 워크북을 제작하고 있다. 저자 또한 워크북 제작에 참여하였다. 아래 표는 그림으로 입체도형을 연습하는 과정으로 「중학문해 수학 워크북」에 실려 있다.

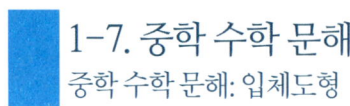

2. 다음 쌓기나무의 총 개수를 세어 적어 봅시다.
(하늘에서 내려다 본 바탕그림(평면도)을 그리고 그림에 층수를 적읍시다. 그리고 오른쪽 정답과 비교해 봅시다.)

| 쌓기나무 | 바탕그림 | 그리기 (답) | 총 개수 |
|---|---|---|---|
|  |  |  |  |
|  |  |  |  |
|  |  |  |  |
|  |  |  |  |

3. 다음 쌓기나무의 개수를 세어 봅시다. 그리고 작은 쌓기나무의 1칸의 길이를 1이라 할 때 부피를 구하는 과정입니다. 빈 칸에 알맞은 수를 적어 봅시다.

| 쌓기나무 | 쌓기나무 개수 | | 쌓기나무 부피 (작은쌓기나무 한 칸의 길이는 1 m) | |
|---|---|---|---|---|
| | 가로 | 2 개 | 가로 | 2 m |
| | 세로 | 2 개 | 세로 | 2 m |
| | 높이 | 4 개 | 높이 | 4 m |
| | 식 | 2×2×4 | 식 | 2m×2m×4m |
| | 총 개수 | 16 개 | 부피 | 16 m$^3$ |
| | 가로 | 개 | 가로 | m |
| | 세로 | 개 | 세로 | m |
| | 높이 | 개 | 높이 | m |
| | 식 | | 식 | m |
| | 총 개수 | 개 | 부피 | m$^3$ |
| | 가로 | 개 | 가로 | m |
| | 세로 | 개 | 세로 | m |
| | 높이 | 개 | 높이 | m |
| | 식 | | 식 | m |
| | 총 개수 | 개 | 부피 | m$^3$ |

# 1-8. 수학 교과를 활용한 학예활동
## 연극으로 직접 도형 만들어 보기

아래 대본은 저자가 근무하는 고덕 행복학교에서 발표회 때 학습자들이 꾸민 연극무대이다. 수학에서의 입체도형을 연극으로 직접 체험하며 도형의 이해를 돕기 위한 것이다. 뿐만 아니라 각각의 점들이 모여 도형을 이루고 도형들이 모여 화해라는 결론은 서로에 대한 이해를 더욱 높이는 계기가 된다.

도형 만들기는 기본적으로 간략하게 만들고 도형의 종류는 상황에 맞게 변형, 생략 가능하다.

〈제목: 입체 도형으로 만드는 세상〉
〈대본: 조광연 교사〉
도형해설: 이 00. 사회: 이 00.
같은 색 그룹: 하얀색. 노란색. 초록색의 그룹

▶도형해설자: 안녕하세요. 도형으로 만드는 세상을 보여드리겠습니다.
① (6명의 점들의 입장.) (김0. 백0. 전0./ 김0. 박0, 한0)

▷ 사회자: 점들이 입장합니다. 점들은 서로 떨어져 외롭게 있습니다. 세상에는 수많은 점이 외롭게 흩어져 있습니다.

▶도형해설자: 도형을 이루는 기본은 꼭지점입니다. (2명씩 만 팔을 벌려 이어본다.)

▷ 사회자: 외로운 점들이 한쪽 팔을 벌려 이야기를 나눕니다.

▶도형해설자: 점과 점을 연결하여 선을 만듭니다. 이를 선분이라고 합니다. (3명씩 팔을 벌려 삼각형 2개를 만듭니다)

▷ 사회자: 외로운 점들이 팔을 벌려 삼각형 세상을 만듭니다.

▶도형해설자: 삼각형은 꼭지점이 3개. 선분이 3개입니다. 그래서 삼각형입니다. (6명이 팔 벌려 큰 삼각형 1개를 만듭니다)

▷ 사회자: 이웃 삼각형 세상과 합쳐 더 큰 삼각형 세상을 만듭니다.

▶도형해설자: 삼각형이 길이가 2배가 되면 넓이는 4배가 됩니다.

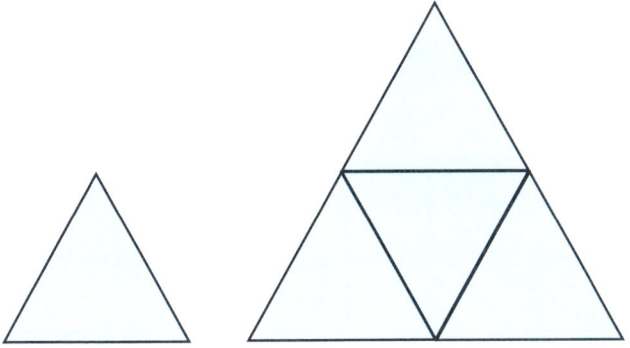

그림 예시) 삼각형위 길이가 2배가 되면 넓이는 4배가 됩니다.

② (8명의 점들의 입장)(이O,김O,김O,이O / 이O,김O.최O,김O)

점들이 입장합니다. 점들은 서로 떨어져 외롭게 있습니다. 세상에는 수많은 점이 외롭게 흩어져 있습니다.

도형을 이루는 기본은 꼭지점입니다. (4명 씩 팔을 벌려 사각형 2개를 만듭니다)

▷ 사회자: 외로운 점들이 팔을 벌려 사각형 세상을 만듭니다.

▶도형해설자: 사각형은 꼭지점이 4개 선분이 4개 입니다. 그래서 사각형입니다.

(8명이 팔을 벌려 큰 사각형 1개를 만듭니다)

▷ 사회자: 이웃 사각형 세상과 합쳐 더 큰 사각형 세상을 만듭니다.

▶도형해설자: 사각형이 길이가 2배가 되면 넓이는 4배가 됩니다.

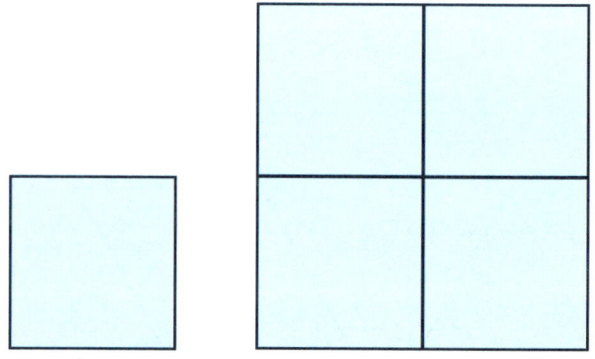

그림 예시) 삼각형의 길이가 2배가 되면 넓이는 4배가 됩니다.

③(평행사변형을 만든다)

▷ 사회자: 사각형은 오랜 역사를 거쳐 평행사변형이 됩니다.

▶도형해설자: 평행사변형은 마주 보는 두 쌍의 대변이 서로 평행한 사각형입니다

(직사각형을 만든다)

▷ 사회자: 평행사변형은 오랜 시간 동안 비바람을 맞고 싸워 직사각형이 됩니다.

▶도형해설자: 직사각형은 네 각의 크기가 모두 같은 사각형입니다. 각의 크기는 90도이고 이를 직각이라고 합니다.

(정사각형을 만든다)

정사각형은 네 변의 길이와 네 각의 크기가 모두 같은 사각형입니다.

▷ 사회자: 직사각형은 계속되는 비바람 속에 울고 웃으며 마침내 정사각형이 되었습니다. 박수로 응원해 주세요.

(사각형 8명이 원을 만든다.)

▷ 사회자: 사각형은 서로 손을 잡고 점점 동그란 원이 됩니다.

▶도형해설자: 원은 중심으로부터 거리가 같은 점들의 집합입니다.

▷ 사회자: 정사각형이 우리들, 우리사회, 우리 세상의 목표가 아니었습니다. 우리의 세상은 모난 것을 더욱 다듬어 모두가 공평하게 주인이 되는 동그란 세상을 만드는 겁니다. 감사합니다.(박

수)

④ (앞의 삼각형 꼭지점 6명이 다시 등장하며 8명 원형 안으로 들어간다.)

▷ 사회자: 동그란 평화의 세상에서서 새로운 꽃이 피어납니다.

(8명의 커다란 원 서서 만들기. 원안에 6명은 앉아서 옷 갈아입는다.)

▷ 사회자: 시기와 질투의 메마른 마음들에게서 꽃향기가 납니다.

(커다란 원 팔 벌려 크게 만든다. 안쪽 작은 원이 일어난다.)

▷ 사회자: 동그란 원의 세상에 번영과 평화의 꽃들이 마구 피어나 번영과 평화의 새로운 역사를 만들어갑니다.

(큰 원은 손잡고 돌고 파도타기. 원안의 빨간 꽃들 손 흔들기)

▷ 사회자: 감사합니다.

(열렬한 박수)

모두 모여 기념 촬영.

(모두 인사 후 퇴장)

# 1-9. 지혜 할머니 수학: 동영상을 활용한 강의
### 노년학습자를 위한 짧은 동영상 활용으로 복습해보기

고덕 평생 학습과 중학 문해 교육 과정을 하는 성인 학습자의 2018년 성인학습자들의 평균나이는 66.35세로 젊은 편이었다. 2019년 중학입학 학습자들의 나이는 68.17세, 2020년 학습자들의 평균나이는 69.21세로 점점 높아지는 추세이다. 지금은 평균 연령이 70대 중반이 되었다.

유튜브 '지혜 할머니 수학' 채널 홈화면과 수업영상 화면

개인적인 편차는 있으나 많은 성인 학습자들이 수업시간에 이해한 내용을 복습하는 것을 상당히 어려워하였다. 특히 수학과목에 대한 어려움이 크다.

보충학습의 한 방법으로 유튜브에 강의 영상을 올려서 수학의 기본 개념을 장소와 시간에 관계없이 복습할 수 있도록 하였다. 중학 과정을 마친 학습자들과 검정고시를 준비하는 학습자들을 위해 고등 수학의 기본 개념 특강도 진행하였다. 동영상 길이는 3~5분으로 짧게 되어 있다.

각 검색 사이트에서 '지혜 할머니 수학'으로 검색하면 동영상 사이트에 들어갈 수 있다.

'지혜 할머니 수학' 채널에는 1, 2, 3학년 중학 문해 수학, 고등수학이 소 단원별로 올라와 있다. 또한 이 채널에서는 중학 문해 수학 뿐 아니라 '동화 낭독극' 영상도 올라와 있다. 실제로 동화 낭독극이 어떻게 진행되었는지 알 수 있다.

# 1-10. 천지인 자판을 활용한 한글 익히기.
## 디지털 문해교육: 스마트폰과 한글문해의 결합 교육

문해교육의 영역은 단순히 언어와 문자에 대한 이해 능력 뿐 아니라 이를 통한 해석, 비판, 계산 등의 영역에 이르기까지 생활 전반에 걸쳐 있다. 생활문해는 문자해독 이후의 기초생활 교육을 지원하는 프로그램으로 특히 4차 혁명이후 IT 기술을 이해하고 활용하는 것도 중요한 문해의 영역이 되었다.

기초 생활능력 향상을 위한 문해는 다방면으로 이루어지고 있다.

첫째는, 정보(information) 문해로 사용자가 정보를 인식하고 찾아내 평가하고 전달하는 모든 과정에 대한 학습이다.

둘째는, 금융 문해로 자산설계부터 보이스 피싱에 대한 교육까지 폭넓게 이루어지고 있다.

셋째는, 디지털 문해로 여러 지자체에서 어르신을 대상으로 교육을 진행하고 있다. 키오스크 사용법, 스마트폰 활용법 등을 교육하고 있다.

넷째는, 건강 문해로 건강과 보건에 대한 교육을 진행하고 있다.

다섯째는, 미디어 문해(media literacy)로 사용자가 미디어의 올

바른 이용을 촉진하는 사회운동이라 볼 수 있다. 이외에도 교통안전문해, 기초영어 영역 등으로 학습을 위한 라디오 방송이 있으며 교과서도 배포되고 있다.

그중에서 저자가 퇴계원 교회의 학습관에서 진행한 〈천지인 자판으로 한글 익히기〉를 소개하고자 한다. 핸드폰의 한글 자판인 천지인 키보드를 활용해 자음과 모음을 익히고 글을 완성하는 교육이다. 이 교육은 핸드폰 자판과 한글을 함께 익히는 수업으로 핸드폰 문자보내기 문해 교육과 병행할 수 있는 방법이다.

천지인연습을 위한 앱을 이용하여 진행하였다. 교육 과정을 그림으로 소개한다.

① 앱을 실행하면 나오는 홈 화면과 수준에 따른 단계 선택 화면이다.

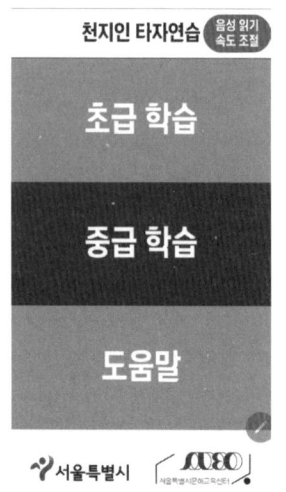

② 5단계 쌍자음글자를 선택하고 쌍자음 '까' 글자 연습하는 화면이다.

③ '치' 글자 버튼화면과 세 번 터치 글자 '까치' 완성 화면이다.

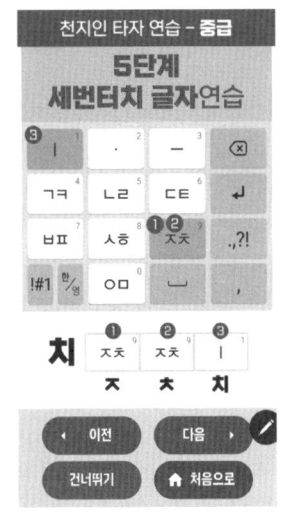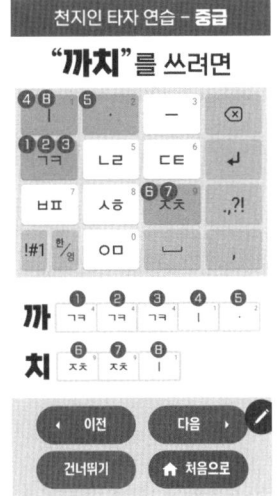

이 학습관의 학교장인 한복숙 선생은 문해 교육에 오랫동안 왕성하게 활동하였다. 한 선생은 기초문해영역에서 어려움을 겪는 성인들에게 도움을 주고자 많은 프로그램을 진행하였다. 천지인 자판을 활용한 한글 익히기 프로그램 또한 학습자들이 문해교육 프로그램으로 생활의 어려움을 극복하기 바라는 마음으로 수업을 준비하였다. 이 프로그램이 종료된 후에는 카톡 프로필 바꾸기 등의 정보 생활화 교육 프로그램을 진행하였다.

# 1-11. 스마트기기 활동 교육: 스마트폰 활용
자양 복지관: 사진을 활용한 콜라쥬 만들기. 강사: 조광연

지금은 지나친 스마트폰 사용이 문제가 될 정도로 우리 생활에 깊숙이 자리 잡은 것이 스마트폰이다. 단순한 전화기가 아니라 그 활동도가 워낙 폭넓고 다양하기에 스마트폰 활용을 잘 할 수 있도록 지자체에서 어르신들을 위한 스마트폰 활용능력을 교육하고 있다. 저자 또한 스마트폰 활용수업을 진행하였는데 그중에서 자양 복지관에서 학습자들이 가장 흥미있어 했던 수업을 소개한다.

자양복지관에서 진행된 스마트폰 교육에서 만든 사진을 활용한 콜라쥬.

학습자들은 우리가 가장 흔히 쓰는 사진기의 기능을 활용하는 방법을 배웠다. 자신이 찍은 사진을 사진첩처럼 예쁘게 꾸며 선물하기도 하고 축하의 메시지도 보내기도 한다. 참여자들은 손주 사

진이나 좋아하는 풍경사진으로 콜라쥬 혹은 동영상을 제작하는 법을 배웠다. 좋아하는 글이 있는 그림을 모아 예쁜 콜라쥬를 만들고 날짜나 메시지로 예쁘게 장식을 하기도 하며 즐거워하였다.

아래 사진이 학생들이 만든 작품들이다.

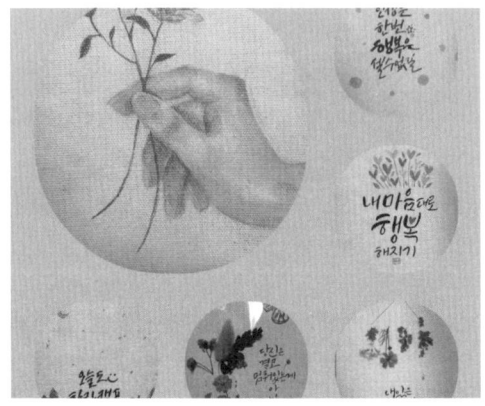

지금 우리 주변에는 IT기술을 적용한 여러 가지 사물들 많이 있다. 사회의 급격한 변화는 노년의 연령대가 새로운 기술들에 적응하기 어렵게 하고 있다. 특히 코로나 이후 비대면 기술의 발달은 식당에서 음식을 주문하는 것조차 당혹스럽게 한다.

각 지자체에서는 키오스크로 음식이나 물건을 주문하는 방법을 교육하고 있다. 통신사나 지자체 자체에서 개발한 가상 주문 키오스크 기계가 있어 직접 화면을 터치하며 주문하는 방법을 익힐 수 있다. 또한 키오스크 앱도 나와 있어 핸드폰으로 연습할 수 있다.

# 1-12. 고덕평생학습관 원격교육 진행
교사연수 진행: 코로나19시대, 교육 현장이 변하고 있다.

고덕평생학습관(관장:정숙희) 〈고덕행복학교〉에서는 6월 22일(월), 24일(수) 양 일간 '원격수업 자료 제작을 위한 문해 교사 연수'를 진행하였다.

정미실 강사에 의해 진행된 수업에서 22일(월)에는 '영상 촬영 및 유튜브 탑재 방법' 그리고 24일(수)에는 'PPT로 영상자료 만들기'를 실습하였다.

당초에 3월 초에 개강예정이던 고덕행복학교는 코로나19 감염 확산 예방을 위해 개강을 연기하다 4월 14일(화)부터 원격 가정학습으로 운영하였다. 5월 13일(수) 14일(목) 양일간 단계별(학년별) 학습자 등교를 하였다. 학습자분들과 담임 이하 전 교과목 선생님이 30분씩 수업을 하였다. 그러나 그 이후로 또다시 비대면 학습으로 전환되었고, 6월 2일(화) 등교 예정이었으나 이마저도 연기되었다.

그리고 7월 초 등교 출석 수업을 예정하기도 했지만 등교 수업은 점점 더 불확실해지고 있다. 이에 고덕평생학습관 평생학습관(과장: 임영희)은 원격수업의 장기화에 대비하기로 하였다. 이에 의하여 고덕행복학교 "원격수업 자료 제작을 위한 문해교사 연수"를 진행하였다.

고덕행복학교 학습자의 평균연령은 65세~70세 정도이고 고덕행복학교의 교사의 평균연령은 60세-65세 정도이다. 학습자는 IT를 활용한 학습의 어려움이 많이 있고 교사들 또한 IT를 활용한 수업에 적잖은 어려움을 호소하는 상황이다. 이번 연수는 이러한 상황에서 이루어진 적절하고 신속한 연수였다.

조정원 주무관은 이에 그치지 않고 모든 교재에 PDF를 제공하고 선생님들의 원격 학습지도 경험을 공유하는 등 더욱 원숙한 문해교육 원격학습이 이루어지도록 하는 방법을 연구하고 있다고 말했다. 문해교육의 원격수업은 진화하고 있다.

[평생교육사회복지신문. 조광연 편집위원. 2020.06.26.]

# 1-13. 문해교육 강사 역량 강화 교육
## 기초문해교육: 날자 더 높이! 문해교육 강사 역량 강화 연수

이천시(시장 엄태준)가 주최하고 온평생교육연구소(박인종, 전은경 공동대표)가 주관한 문해교육강사 역량 강화교육이 이천시청 1층 대회의실에서 큰 성과를 거두며 마무리되었다.

이 교육은 이천평생학습관에서 6월2일(수요일)부터 7월 7일(수요일)까지 6명의 강사와 18명의 문해교육 선생님이 참여하여 20시간의 이론과 실기 그리고 과제로 진행되었다.

이번 역량강화 교육의 내용은 문해교육의 본질적 가치, 글쓰기 수업법, 수해력 지도법, 언택트 시대의 문해수업, 다른 지역의 문해교육, 우리지역의 문해수업, SWOT분석 등으로 진행되었다. 과제로 스마트폰으로 문해수업자료 만들기를 진행하였는데 이 수업법은 코로나로 인한 비대면 수업 시 사용할 수 있는 또 하나의 수업기법이 되었다.

품격 높은 이천 문해교육 네트워크

이번 행사를 주관한 박인종 온평생교육연구소 공동대표는 "이천시와 우리 연구소가 손을 맞잡고, 코로나 19 상황 속에서도 굴하지 않고 질병 전파 방지를 위해 최대한 주의하면서 문해교사분들의 역량 강화와 정보교환을 통해 품격 높은 이천 문해교육 네트워크를 성공적으로 이룬 것에 대해 행사관계자, 참여자 모든 분들께 감사한다."고 하였다.

문영숙 이천 문해교사는 "열정적인 강의와 친절한 설명에 감사한다. 재미있는 수업으로 기간가는 줄 몰랐습니다."고 하였다.

전은경 온평생교육연구소 대표는 "연수받으시는 선생님들이 강사에게 마구마구 질문하고, 필요한 부분을 해달라고 요청하는 등 적극적으로 참여하여 시간 가는 줄 모르고 신나게 수업하였습니다."고 하였다.

맞춤형 평생교육 '온평생교육연구소'

장마로 강의 장소가 바뀌고 시간이 조정되는 정도의 혼란에도 불구하고 안전하고 효과적으로 큰 행사가 잘 진행된 것에 대하여 모든 관계자들이 서로 감사하며 기뻐하였다. 온평생교육연구소는 준비된 평생교육연구 및 연수기관으로 여러 지자체의 요구에 맞춤형 교육을 준비하고 있다고 전했다.

이천 문해교육 강사 역량 강화 교육일정표<br>(이 일정표는 사정에 의해 약간의 조정이 있었다)

| 문해강사 역량강화 연수 일정표 ||||||
|---|---|---|---|---|---|
| 차시/요일/시간 |||| 세부 교육내용 | 강사 |
| 1 | 6월 2일<br>(수요일) | 16:00<br>~19:00 | 1 | 연수 안내 | 이은희 |
| | | | 2 | 우리지역 문해수업의<br>SWOT 분석 | 이은숙 |
| 2 | 6월 9일<br>(수요일) | | 3 | 문해교육의 본질적 가치:<br>문해학습은 왜 행복을 주는가? | 전은경 |
| 3 | 6월 16일<br>(수요일) | 16:00<br>~19:00 | 3 | 언택트 시대 문해수업 1: 스마트폰 동영상 수업 개발과 운영 | 김명준 |
| 4 | 6월 23일<br>(수요일) | 15:00<br>~19:00 | 2 | 문해교사를 위한 글쓰기 수업<br>– '감동 주는 시화' 지도법– | 이은숙 |
| | | | 2 | 개념 못 잡는 학습자를<br>위한 수학<br>- 나는 이렇게 수업한다 - | 조광연 |
| 5 | 6월 30일<br>(수요일) | 16:00<br>~19:00 | 3 | 언택트 시대 문해수업 2: 카카오톡수업 전략과 학습지 개발 | 이은희 |
| 6 | 7월 7일<br>(수요일) | 15:00<br>~19:00 | 3 | 다른 지역의 문해교육 :<br>문해교육 동향과 정책 | 박인종 |
| | | | 1 | 소감 나누기<br>앞으로의 각오 이야기하기 | 이은희 |
| 과제 | 스마트폰으로 만든 나의 문해수업(영상) |||||

[평생교육사회복지신문. 조광연 편집위원. 2021.07.07.]

# 1-14. 제 13회 전국문해교사대회 개최
### 전국적 문해교사 소통의 장 마련하다

제13회 전국문해교사대회가 9월 17일(토요일) 오후 1시부터 4시 30분까지 광명시평생학습원에서 개최되었다. 이 행사는 성인문해교육 네트워크 구축과 전국적 문해교사 소통의 장 마련을 목적으로 유튜브로도 생중계되었다.

제 13회 전국문해교사대회 자료집

이 대회는 '꿈꾸는 당신 우리가 함께 합니다.'는 표어를 걸고 팬데믹 시대에서의 문해교육현장 수업사례를 공유하는 장이었다. 이 대회는 교육부 · 국가평생교육진흥원(원장 강대중)이 주최하고 (사)한국문해교육협회(회장 신성훈)가 주관하였다. 그리고 광명시(시장 박승원)가 후원하였다. 현장에는 중앙대학교 이희수 교수, 국가문해교육센터 서영아 센터장, 광명시 평생학습원 홍명희 원장이 함께 하였다.

행사는 '광명 좋은 학교' 문해학습자들의 칼림바 연주로 시작되었다. 개회사에서 신성훈 (사)한국문해교육협회장은 "지식과 기술이 폭증하는 시대의 문해는 점점 더 수준을 높여야 합니다. 문해의 의미가 진화해 가는 만큼 문해 생태계는 민간과 중앙부처, 활동가, 학습자가 더 긴밀해져야 합니다."라고 하였다. 축사에서 강대중 국가평생교육진흥원장은 " 문해교육 현장에서 매일 웃음꽃을 피우며 학습자의 마음에 꽃망울을 틔워주셔서 우리 모두의 삶에 봄이 찾아옵니다. 문해교육 선생님 고맙습니다." 라고 하였다.

특강 1에서 박승원 광명시장은 "영혼을 담은 문해교사는 어려움 속에서 행복할 수 있습니다" 라고 당부하였고 특강 2에서 전)국가평생교육진흥원장인 한국방송통신대학교 윤여각 교수는 "문해교육 현장에서 교사가 하여할 최우선의 출발점은 학습자를 이해하는 것, 이미 경험으로서의 선지식을 가지고 있는 문해교육학습자를 이해하는 것"이라고 강조하였다 .

이어서 본격적으로 제 13 회 전국문해교사대회 다섯 분 선생님의 수업 시연 발표가 진행되었다. 첫째 순서는 '시계알기'(초등2)로 학습자 눈높이의 모범을 보여주신 이윤성 선생님(서울지부 문해교사 ), 둘째는 '새롭게 만나는 음악세상'(초등2)으로 '신체 타악기' 사용법을 보여주신 김미경선생님(예산군 문해교사), 세 번째 순서는 '수학! 야금야금 베어 먹기'(초등3)로 막대그래프 실생활 수학의 모범을 보여주신 이영숙선생님(창원지부 문해교사), 넷째는 '따로 또 같이'(초등3)로 합동시 창작놀이의 방법을 보여주신 차정혜선생님(광명시 좋은학교), 마지막 순서로 '전래동화를 통해 익히는 어르신 리더십'(창체활동)으로 동화낭독극을 보여주신 조광연선생님(서울시 고덕평생학습관)이 발표하였다.

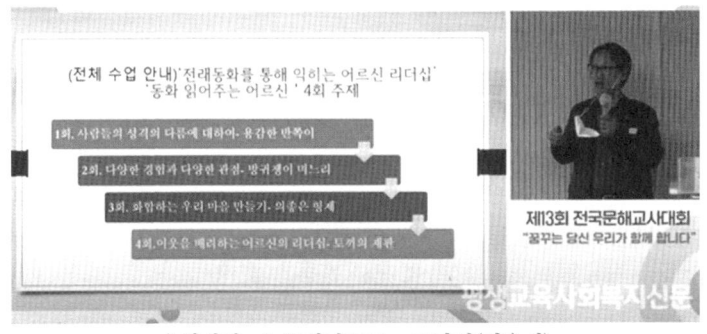

수업시연: 5. 동화낭독극 – 조광연(서울시)

이번 행사 주관단체인「(사)한국문해교육협회」를 소개한다.

* 단 체 명 : 사단법인 한국문해교육협회 Korean Association of Literacy Education (KALE)
* 커뮤니티 : http://cafe.daum.net/KoreaLiteracy (다음카페)
* 연 락 처 : 전화 02-2689-0609 / 팩스 02-898-0609
* e-mail : korealiteracy@hanmail.net (협회 사무국 공식 메일)

[평생교육사회복지신문. 조광연 편집위원. 2022.09.18.]

# 1-15. 2022년 디지털 문해교육 강사 연수
### 노인세대를 위한 과학기술과 문해교육의 미래

9월 20일 (화요일) 서울시민대학에서 '2022 년 디지털 문해교육 강사 연수' 수료식이 있었다.

2022년 디지털 문해교육 강사 연수 포스터

이 연수는 서울시평생교육진흥원 문해교육센터(센터장: 민병철)가 주최하고 캐어유(대표: 신준영)가 주관하였다. 8월 23일(화요일) 서울시민대학 본부 2강의실에 오리엔테이션과 전국문해기초교육협의회 김인숙대표의 '성인문해학습자를 위한 디지털 리터러시' 강의로 시작했다. 9월 20일 강남대학교 박영란 교수의 '제논테그놀로지(노인세대를 위한 과학기술 )와 ICT 활용, 문해교육의 미래' 강의로 연수를 완료하였다. 43명이 시작하여 39명이 과정을 이수하였다.

　강사연수 2일 차에는 은평구 평생학습관(강연미 강사), 은평노인종합복지관(박희진 강사)의 디지털 문해교육 우수사례 발표가 있었다. 그리고 이후 연수는 디지털 문해교육의 교안작성, 강의시연을 조별 멘토의 멘토링 등 강도 높은 실습 위주로 진행되었다. 마지막 날은 노인복지 관점에서 디지털 격차해소를 위한 '제논테크놀로지'를 강의하였다. 전국의 경로당 그리고 돌봄 현장에 보급되는 스마트복지와 노인디지털문해교육을 준비하는 시간이었다.

　문의 : 02-719-6426(서울특별시평생교육진흥원 문해교육센터 )

　　[평생교육사회복지신문. 조광연 편집위원. 2022.09.20.]

# 1-16. 즐거운 문해 중3 수학여행
## 교복 입고 떠나는 노년의 졸업여행

저자가 근무하는 서울시교육청 고덕평생학습관 행복학교(중학과정 문해학교)에서는 3학년이 되면 다른 중학생들과 마찬가지로 수학여행을 간다. 노년의 학습자들에게 중학교 졸업여행이 가지는 의미는 특별하다. 보통 사람들이 그 연령대에서 경험했던 것을 노년의 시기에 경험하는 것이지만 똑같은 경험을 하고 드디어 중학교 졸업자가 된다.

2014.10. 청평사에서.

학생들은 교복을 입는 것을 대단히 즐거워한다. 수학여행을 가면서도 교복을 입고 무척이나 즐거워한다. 다른 사람들이 중학생이었을 때 하는 과정을 함께 하는 것에, 동창생이 생기는 것에, 중학교 졸업장이 생기는 것에 뿌듯함과 자랑스러움을 느낀다.

2016.12.27. 고덕평생학습관 행복학교 선생님들과 함께.
앞 줄 가운데 안경 쓴 이가 저자이다.

이와 같이 중학 문해 졸업자들이 노년의 학교 경험에 대해 어떤 변화를 느꼈는지를 연구한 논문이 있어, 간략하게 내용을 소개한다. 이 논문은 저자가 『교육학연구회지』에 발표한 「졸업문집을 통해서 본 노년 학습자들의 학교경험 분석: 중학 학력인정 문해교육 졸업자 중심으로」[1] 논문의 내용을 간단히 소개하고자 한다.

▷ 중학 문해 학습자들의 변화

논문에 사용한 졸업문집은 국어선생님이 중학 입학 때부터 학습자들이 쓴 글들을 3년간 모아서 졸업할 때 문집으로 만든 것이다.

… 연구 과정에서 최종적인 범주는 과목, 체험학습을 배움에 포함하는 친구, 선생님, 배움, 학교 4가지로 되었다. 즉, '친구와 선생

---

1 졸업문집을 통해서 본 노년 학습자들의 학교경험 분석: 중학 학력인정 문해교육 졸업자 중심으로, 조광연(고덕평생학습관, 문해교사), 김성자(교신저자, 아주대학교, 박사수료), 교육학연구, 제59권 제5호, 2021, pp 1-29

님 그리고 배움이 있는 학교'로 규정하고 시기는 입학 시기, 중간 시기, 졸업시기로 구분하였다.

| | 학교의 네 가지 요소(친구 선생님 배움 학교) | | |
|---|---|---|---|
| | 입학시기<br>(2016. 3 ~ 6)<br>자기수용성의 소속감 | 중간시기<br>(2016. 7 ~ 2018. 9)<br>타인포용성의 소속감 | 졸업시기<br>(2018. 10 ~ 12)<br>공헌과 감사의 소속감 |
| 친구 | 내 마음 숨기고 싶은 친구 | | |
| | 서로 반기는 정다운 친구 | 꽃처럼 밝은 미소로 반겨주는 친구들 | 졸업을 함께 만들어 준 고마운 친구들 |
| | 배움의 도전을 함께 하는 친구 | 잘난 이 못난 이 없는 향기 가득한 친구들 | 졸업하고도 만나고 싶은 친구들 |
| 선생님 | 요술 상자 열어가는 선생님 | 사랑과 용기를 주는 고마우신 선생님 | 헤어질 마음의 준비가 안 되었어요! 선생님 |
| | 희망을 주는 다정하고 열정적인 선생님 | | 꺼지지 않을 등불이 될 선생님 |
| 배움<br>(공부) | 두려움지만 극복해가는 배움 | 식은땀 흘리며 이제는 알게 된 배움 | 공부하는 어려움을 알게 해준 배움 |
| | 머리에 보석상자 쌓는 배움 | 세상살이 인생살이 눈귀를 여는 배움 | 졸업, 자신감의 기쁨을 준 배움 |
| | 마음을 우아하게 물들이는 배움 | 선생님과 함께 떠나는 나들이 (현장학습) | 남은 인생의 지혜를 가르쳐 준 배움 |
| 학교 | 친구와 선생님이 반기는 기쁜 학교 | 추억담은 행복헝아리 간직한 학교 | 내 생애 최고의 순간을 보낸 학교 |
| | 내 생애 최고의 순간을 보낸 학교 | 인생의 삭막한 겨울날 새싹이 돋게 해준 학교 | 새로운 도전을 꿈꾸게 한 학교 |
| 학교<br>(총괄) | 나의 소중함을 인정하는 학교 | 더 소중한 너를 알게 되는 학교 | 도움을 주고받음을 경험한 학교 |

연구자들은 졸업생들과 중학생활 3년간을 함께 했던 교사들이다. 졸업문집 125편을 3번 정도 읽으며 졸업생들의 얼굴과 수업에서의 모습을 그려 보며 글 속에서의 모습과 수업할 때의 모습을 연관 지어보며, 학습자들이 지나간 그 시간에 그런 행동을 했던 이유들을 발견하게 되었다.

▷ 중학교 졸업장이 주는 의미

중학교 학력인정의 나이든 졸업생들의 학교생활 58개 작품분석에서 가장 많이 등장하는 단어는 친구, 선생님, 배움, 학교이다. 이 네 개의 단어는 서로 분리되어 있는 것이 아니라 서로 긴밀하게 연결되어 있는 단어이다. 친구와 선생님이 있는 배움의 공간이 학교이다. 학교라는 공간에 어느 하나가 빠지면 '행복학교'가 아닌 도서관이고, 나와 관계없는 그냥 지역의 공간이다. 학습자들은 중학 졸업장이 없음으로서 내가 세상에 대하여 많이 모를 것이라는 본인 스스로 위축감과 취업과 학부모로서의 역할에서 느낀 사회적 차별감 등으로 스스로에 대한 자기신뢰, 타인신뢰, 공동체에 대한 애착이 떨어지는 소속감이 부족한 상태에서 학교생활을 시작한다.

그들은 세 개의 징검다리를 건너서 드디어 소속감을 완성하고 존중감의 토대를 마련하여 새로운 인생의 전환을 이루게 된다.

첫 번째 징검다리는 입학시기의 친구, 선생님의 사랑이 넘치는 '나의 소중함을 인정하는 학교'이다. 이 학교를 통하여 학습자는

'자기수용성의 소속감'을 얻게 된다. 두 번째 징검다리는 학교 중간시기로서 나를 소중히 여기는 마음으로 '더 소중한 너를 알게 되는 학교'이다. 이 학교를 통하여 내가 사랑을 받으니 나의 부족함에 어느 정도 너그러워지고, 너의 다름도 미워지지 않는 '타인포용성의 소속감'을 얻게 된다. 세 번째 징검다리는 졸업시기의 졸업에 대한 성취감과 상호 무한한 감사가 있는 '도움을 주고받음을 경험한 학교'이다. 이 학교를 통하여 내가 남의 다름을 인정하는 것만으로도 무언가 친구의 졸업에 도움을 준 것 같은 그리고 나는 더 큰 도움을 넙죽 받은 것 같은 '공헌과 감사의 소속감'을 얻게 된다. 이렇게 행복학교의 세 개의 징검다리를 건너며 학습자의 더 넓어지고 단단해지는 세 개의 마음을 넘어가며 소속감은 완성된다.

찬찬하고 아름다운
평생교육 이야기

2. 학력보완교육

## 2. 학력보완교육

 보편적 학습사회 실현을 주장하는 대한민국의 평생학습 분류 체계는 평생교육 6진체제이다. 대한민국의 평생교육 6진 체제는 모든 국민이 경험하는 전 생애 동안의 학습궤적(lifelong learning trajectory) 6개의 경로를 상징한다.

 평생교육 육진 분류 중에서 둘째는 한글을 깨우친 아동이 노란색 버스를 타고 학교에 등교하는 색감으로 상징화되는 학력보완교육이다. 이것은 모든 국민이 학교교육체제를 거치면서 세상의 다양한 지식과 기술을 배운 결과에 대해 일정한 기준과 조건으로 인증하는 평생교육 체제이다.

 학력보완교육은 초·중등교육법, 고등교육법, 평생교육법에 명시된 소정의 학력을 인정받기위해 필요한 이수 단위 및 학점과 관련된 학력인증 평생교육이다. 학력보완교육은 간단히 학력 조건을 갖추고 인증을 받는 과정이라고 할 수 있다.

 학력보완교육은 세 가지로 분류하고 그 분류에 해당하는 프로그램은 다음과 같다. 첫째는 초등학력보완 프로그램이다. 이 프로그램은 초등학력의 보완 및 인증 규정에 의해 평생교육 시설 및 기관에서 운영되는 소정의 프로그램이다. 예를 들면, 중학 입학자격 검정고시강좌, 초등학력인증강좌, 초등교과 연계강좌, 과학교실 등이다.

둘째는 중등학력보완 프로그램이다. 이 프로그램은 중·고등학교 학력의 보완 및 인증 규정에 의해 평생교육 시설 및 기관에서 운영되는 소정의 프로그램이다. 예를 들면, 고입검정고시 강좌, 대입검정고시 강좌, 중고생교과연계 강좌, 진로강좌 등이다.

셋째는 고등학력보완 프로그램이다. 이 프로그램은 전문학사 및 학사 학력의 인증 규정에 의해 평생교육시설 및 기관에서 운영되는 소정의 프로그램이다. 예를 들면, 독학사강좌, 학점은행제 강좌, 시간제등록강좌, 대학 비학점강좌 등이다. 우리가 익히 알고 있는 방송통신대학 또한 여기에 해당하는 기관이다.

# 2-1. 2021년 2회 검정고시 시행
### 성인 문해교육기관 졸업자들도 응시

2021년도 2차 검정고시가 8월 11일 실시되었다.

오늘 고사장에는 각종 평생교육기관에서 기초문해교육 또는 학력보완교육으로 초등과정, 중등과정을 졸업하고 고등학교 졸업 검정고시를 보는 성인학습자들이 다수 있었다. 이에 응원을 위해 취재를 하였다.

2021년 고졸 검정고시가 시행된 서울 광진구 양진중학교 고사장

현장에는 수험생 가족, 수험생의 선생님, 무시험전형 대학 관계자, 검정고시 학원 홍보자로 붐볐다. 고사장으로 들어가는 수험생들은 모두 긴장한 모습이었다. 특히 할머니 수험생들은 더 긴장한 표정이었고 앳된 청소년들은 조금은 여유 있는 모습이었다. 합격

자 발표는 8월 30일(월요일) 시도교육청 홈페이지에 발표한다.

서울시 검정고시 응시자 4852명

서울시교육청은 2021년도 제2회 초졸·중졸·고졸 학력 인정 검정고시를 오늘, 11일 서울 시내 14개 고사장에서 실시하였다. 이번 검정고시에는 초졸 343명, 중졸 855명, 고졸 3654명 등 총 4852명이 응시하였다. 2회 응시자는 1회 4월 응시자 4968명보다 116명 줄었다. 장애인 41명, 재소자 20명도 시험을 보았다. 초졸 검정고시 고사장은 1개교이며, 중졸 고사장은 2개교, 고졸 고사장은 8개교로 총 11개교에서 실시되었다. 각 고사장의 고사실에는 20명이 입실하여 시험을 치른다. 시각장애인 응시자는 서울시립 노원시각장애인복지관에서 시험을 치르고, 재소자들도 검정고시에 응시할 수 있도록 서울 남부교도소에 별도 고사장을 설치했다. 각 고사장에는 지체장애인을 위한 별도의 고사장이 마련되었다.

경기도 검정고시 응시자 7301명

또한 경기도교육청(교육감 이재정)은 8월 11일 '2021년도 제2회 초졸·중졸·고졸 검정고시'를 남부 수원 소재 11교, 북부 의정부 소재 7교, 자체 시험장 3개 기관 등 모두 21개 기관에서 시행하였다. 이번 응시자는 초졸 583명, 중졸 1,565명, 고졸 5,153명 등 모두 7,301명으로 지난 4월 제1회 응시자 7,333명보다 32명 줄었다.

코로나에 따른 시험대책

응시자는 최근 중앙방역대책본부가 발표한 시험 관련 지침 등

응시자 유의사항을 확인하고 시험 당일 오전 8시 30분까지 마스크를 반드시 착용하고 지정된 시험실에 입실해야 하였다. 코로나19 확진자와 자가격리자는 별도 시험장에서 응시할 수 있었으며, 별도 시험장은 응시자에게 개별 통보하였다.

검정고시 과목

초등학교 검정고시 과목은 필수 4과목(국어, 수학, 사회, 과학)과 선택 2과목(도덕, 체육, 음악, 미술, 실과, 영어 과목 중 택 2)으로 총 6과목으로 구성되어 있다. 중학교 검정고시 과목은 필수 5과목(국어, 수학, 영어, 사회, 과학)과 선택 1과목(도덕, 기술·가정, 체육, 음악, 미술 과목 중 택 1)으로 총 6과목으로 구성되어 있다.

고등학교 검정고시 과목은 필수 6과목(국어, 수학, 영어 사회, 과학, 한국사)과 선택 1과목(도덕, 기술·가정, 체육, 음악, 미술 과목 중 택1)으로 총 7과목으로 구성되어 있다. 20문항인 수학을 제외하고 각 과목별 25문항으로 이루어져 있다.

검정고시 합격 기준

각 과목을 100점 만점으로 하여 전 과목 평균 60점(소수점 셋째 자리에서 절사) 이상을 취득한 자를 합격자로 결정한다. 단, 평균이 60점 이상이라 하더라도 결시과목이 있을 경우에는 불합격 처리한다. 2003년 이전에는 한 과목이라도 40점 미만일 경우 '과목낙제'로 전체 불합격되는 방식이 있었지만, 현재는 이런 방식은 없다.

시험성적 60점 이상인 과목에 대해서는 과목합격을 인정하고, 본인이 원하면 다음 회의 시험부터 해당 과목의 시험을 면제하고 그 면제되는 과목의 성적을 시험성적에 합산한다. 과목 합격자가 해당 과목을 재응시할 경우 기존 과목합격 성적과 상관없이 재응시한 과목 성적으로 합격 여부를 결정한다.

[평생교육사회복지신문. 조광연 편집위원. 2021.08.09.]

## 2-2. 경계선 지능 학습자들의 힘찬 지원군
'(사)느린학습자 시민회'의 희망찬 전진

'경계선 지능'이란?

서울 성북구 종암동에 위치한 '(사)느린학습자 시민회(이사장 오미정)'와 이 단체의 배움터를 소개한다.

(사)느린학습자시민회 작은도서관(위)
(사)느린학습자시민회 배움터 풍경(아래).

먼저 '경계선지능'에 대하여 처음 대하는 독자의 이해를 돕기 위하여 '경계선지능 학습자'를 단순하게 정의하면 IQ70-84 정도의 학습자를 말한다. IQ70 이하는 특수교육 대상자이고 IQ85 이상이면 일반교육 대상자이다(더 다양한 구분이 있지만 여기서는 단순화하기로 한다). 그렇다보니 일반교육과 특수교육의 이분법적 틀 안에서 '경계선 지능 학습자'들은 그 학습자의 특성에 적합한 교육을 받지 못하고 있었던 것이다. 학령기의 '경계선 지능 학습자'와 그와 유사한 특성을 가진 학습자들의 특성에 맞는 학습권 확보가 필요하다는 운동의 일환으로 '느린학습자' 운동이 시작되었다. 현재는 '느린학습자'의 평생교육에 대한 비전을 세우는 운동으로 발전하고 있다.

'경계선 지능'에 해당하는 인구는 전 인구의 10~15%로 추정될 정도로 우리 사회의 중요한 문제로 인식되어가고 있다. 이에 서울시는 2020년 10월 5일 '느린학습자'에 대한 지원을 규정한 '서울특별시 경계선지능인 평생교육 지원조례'를 제정하였다. 또 2021년 4월 22일 '느린학습자' 가족과 인권, 복지, 교육 활동가들이 모여 '(사)느린학습자 시민회' 창립총회를 하였다. 느린학습자 시민회는 창립발기인 선언문에서 '학령기의 느린학습자는 잘 배우고 싶고, 청년기의 느린학습자는 잘 일하고 싶고, 성인기의 느린학습자는 당당한 시민으로 잘 살고 싶다.'라고 하였다. 이를 위하여 '(사)느린학습자 시민회'는 느린학습자의 권리를 옹호하는 운동과 정책지원을 실천함으로써 느린학습자에 대한 사회적 불평등을 해소하고 느린학습자의 사회통합과 자립 실현을 위한 다양한 활동을 하고 있다고 한다.

(사)느린학습자 시민회의 오미정 이사장

(사)느린학습자 시민회의 오미정 이사장은 "당면한 시민회의 발전 방향은 첫째는 느린학습자 지원 운동을 지속적, 전문적으로 실행하기 위한 공익단체 설립 승인을 받는 것, 둘째는 느린학습자의 교육 불평등 해결 촉구를 위한 제도개선 및 정책제안 활동을 통한 시민사회와의 소통과 공감을 확대하는 것, 셋째는 배움터 운영을 안정화하는 것이다."라고 하였다. 배움터의 안정화는 내적으로 느린학습자에 적합한 교육전문성 확보(맞춤형 교육 방안 마련)와 외적으로 배움터를 지속화하기 위한 공공화 방안을 마련하는 것이라고 하였다.

배움터의 활동

현재 배움터에는 교과학습, 비교과 체험활동과 생활교육, 자치회 활동 그리고 상담 그리고 나아가 진로지도 교육까지를 계획하고 있다. 교과학습은 개별 맞춤 교육을 위주로 하고 있다. 배움터에는 교과학습지도교사 여러분 이외에도 사회복지사, 평생교육사, 특수교사, 상담교사 등 전문성을 갖춘 활동가들이 협업하여 느린학습자 종합 교육기관으로 나아가고자 하고 있다.

느린학습자 공식까페

느린학습자에 대한 정보를 더 알고자 하는 분은 까페를 활용하기 바란다. '(사)느린학습자 시민회' 공식 까페는 현재 느린학습자

연령대별 부모게시판, 자료 공유방, 워킹그룹방, 부모자조모임의 지역별 커뮤니티 그리고 느린학습자 지역별 지원 기관방으로 나누어져 있다. 느린학습자 마을배움터소식, 느린학습자 작은 도서관 소식 등도 정비 중이지만 볼 수 있다. 느린학습자에 대한 시민사회 소식과 유용한 통합자료실도 있다.

느린학습자시민회의 회원가입 포스터

(사)느린학습자시민회.공식까페.02-928-2021
https://cafe.naver.com/slowlearnersnetwork
(사) 느린학습자시민회. 공식블로그.
https://blog.naver.com/slowlearners

[평생교육사회복지신문. 조광연 편집위원. 2021.07.24.]

## 2-3. 학교 밖 청소년 인디학교
꿈, 일, 여가를 만들어가는 학교 밖 청소년 학교

금요일 2시경 학교 밖 청소년들의 학습공간 인디학교(학교장: 송민기)를 방문하였다. 인디학교는 성북구 종암동에 위치 해있다. 학교밖에는 어디에도 학교임을 알리는 간판이나 선팅 등의 표지는 없다. 학생들을 선입견에서 보호하고자 하는 학교 측의 의견도 있고, 건물주도 표시를 하지 않기를 원해서 학교 표시를 하지 않았다고 한다.

인디학교 강의실의 칠판에 있는 학생들의 공동작품

서울 성북구 종암동 학교 밖 청소년의 인디학교

입구 제일 큰 강의실에서는 7~8명이 신나게 '도자기 공예' 수업에 참여하고 있었다. 그다음 작은 강의실에는 졸업생이지만 진로탐색을 위한 프로그램만 진행하는 학생이 기다리고 있었다. 다음에는 선생님들의 업무공간으로 4개의 책상이 있는 교무실과 부엌 싱크대를 포함한 간식 준비 공간이 같이 연결되어 있었다. 선생님들의 책상에는 상급단체와의 업무협조 서류들과 연구 자료들이 빼곡했다. 그곳에는 '소곤소곤 상담실'도 있었다. 맨 안쪽에는 일대일 수업을 위한 강의실이 있었다. 그 강의실에는 각종 수업 교구재들이 꽉 차 있었다.

2014년 개교한 인디학교

이 학교는 2014년부터 운영되어 8년째를 맞이하고 있다. 선생님은 교장 선생님 1분, 담임 선생님 3분, 강사 2분, 자원봉사자 20분 정도인데 코로나로 두 분이 오신다. 학생은 15명 정도이다. 수업은 기본적으로 일대일로 이루어진다. 학생의 자발적 참여를 원칙으로 수업시간을 지키고, 수업시간을 지키지 못하게 되었을 때는 꼭 통보하는 최소한의 약속 지키기 원칙이 있다. 검정고시를 보고자 하는 학생을 대상으로 학습수준별, 과목별 그룹 수업을 진행하고 있다. 비교과로 체험학습과 진로탐색수업 등이 다양하게 진행되고 있다.

'꿈, 일, 여가' 세 개 분야의 통일적 교육 목표

일반중고등학교의 바깥에는 다양한 학습공간이 있다. 인가 대안학교, 비인가 대안학교가 있다. 위탁형 대안학교는 원적학교에 적을 두고 위탁형 대안학교에서 수업을 하지만 졸업은 원적학교에서 한다. 이와는 다르게 서울시에는 비위탁 민간 대안학교로 운영되는 '학교 밖 청소년 학교'도 50여 개 있다고 한다. 그래도 '학교 밖 청소년 지원센터'등 여러 기관의 도움을 통해서 교사3인에 대한 인건비 지원 등은 받고 있다고 한다. 대안학교의 학습구성원들은 자발적 학습자, 예민한 학습자, 비자발적 학습자로 분류할 수 있다고 한다. 그중에서 인디학교의 구성은 주로 여러 사정에 의한 비자발적 학습자 그리고 예민한 학습자들이라고 한다.

100% 검정고시 합격이루다!

인디학교는 학습자의 자발성이 살아나는 다양한 체험학습 특히 진로탐색학습을 자랑으로 한다. 그리고 꼭 검정고시 위주로 하는 것은 아니지만 검정고시를 원하면 100% 합격을 시킬 수 있다고 한다. 이는 학습자에 대한 사랑으로 기다려주는 교사의 마음과 교사에 대한 믿음으로 도전하는 학생의 마음이 어우러져 이뤄낸 성과라고 한다.

인디학교 다음까페(https://cafe.daum.net/indiagit)

[평생교육사회복지신문. 조광연 편집위원. 2021.04.12.]

## 2-4. 느린학습자 학생과 학습이야기
느린학습자 실제 지도와 느린학습자 강사양성과정

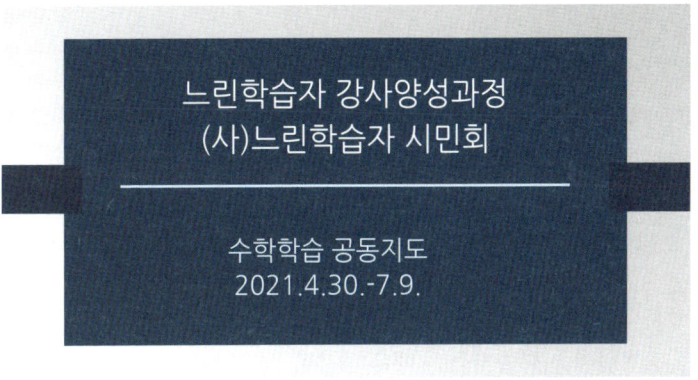

(사)느린학습자 시민회(성북구 종암동 사무실). 초빙강사.
2021.4.30.-7.9.(10회).

  저자는 2021년 4월부터 7월까지 느린학습자(경계선 지능 학습자) 수학 지도를 하였다. 이 수업은 느린학습자 강사양성 과정으로 이어졌다. 학습자들은 정규 학교 교육을 받고 있는 경계선 지능을 가진 학생들로 보완교육의 일환이다.

  먼저 '경계선지능'에 대하여 처음 대하는 독자의 이해를 돕기 위하여 '경계선지능 학습자'를 단순하게 정의하면 IQ70-84 정도의 학습자를 말한다. IQ70 이하는 특수교육 대상자이고 IQ85 이상이면 일반교육 대상자이다(경계선급 정신지체는 학습부진, 학습지진, 학습장애 등과 명확하게 구별하기 어려운 경우도 있기 때문에 개별적 판단이 요구된다). 그렇다보니 일반교육과 특수교육의 이분법적 틀 안에서 '경계선 지능 학습자'들은 그 학습자의 특성에 적합한 교육을 받지 못하고 있다. 학령기의 '경계선 지능 학습자'와 그와 유사한 특성을 가진 학습자들의 특성에 맞는 학습권 확보가 필요하다.

경계선 지능 학습자와 그와 유사한 기증을 가진 학습자에 해당하는 인구는 전 인구의 10~15%로 추정될 정도로 우리 사회의 중요한 문제로 인식되어가고 있다. 이에 서울시는 2020년 10월 5일 '느린학습자'에 대한 지원을 규정한 '서울특별시 경계선지능인 평생교육 지원조례'를 제정하였다.

경계선지능 학습자들은 배운 내용을 잘 기억하지 못하고 주의력 부족이라는 공통점이 있지만 사례마다 매우 다양한 개별적 어려움이 공존한다.

저자가 실제로 경계선지능 학습자들을 지도하다 보면 노년의 느린학습자들과 유사한 점이 많이 발견되었다. 노년학습자, 경계선지능 학습자 모두에게 공통적으로 적용할 수 있는 방법은 아래와 같다.

1. 교과서를 100%이해하고 활용하자
2. 계획된 진도를 모두 마치려고 하지 말자( 학습자의 이해정도에 맞추기, 하나만 가르치자)

3. 구체적 실물, 사진을 활용한 활동적 학습을 많이 도입하자.

4. 결국 학습자들은 다 다를 수 있다는 생각으로 개별화 학습을 염두에 둔 강의를 준비한다.

5. 꼭 필수적인 부분은 반복학습으로 심층학습을 하자.(Deep Practice)

5. 처음 수업 2개월 정도는 수업의 내용을 모두 외워서 수업하자.(그래야 학습자의 반응에 잘 대응하는 교수자가 될 수 있다.

6. 학습자의 소리에 귀를 기울이자.(학습자로부터 배우자)

7. 교과학습이 중요한 것이 아니라 놀이가 필요해서 학교에 오는 학습자도 있음에 유의한다.(놀이도 학습이다.)

8. 학생이 안되는 것은 풀지 말자.

9. 학생이 하는 행동은 이해할 수 밖에 없다.

## 2-5. '서울 대안교육 협의회' 창립총회 개최
### 대안교육의 성숙을 넘어 공교육에 건강한 영향을.

4월 7일(목) 오후 5시 경신고등학교 언더우드기념관에서 '서울 대안교육협의회 창립총회'가 열렸다. 이 자리에는 서울의 대안학교 대표와 연구진 그리고 서울시의원으로 구성된 50여명의 창립회원 중에서 30여명이 참여하였다.

'서울 대안교육 협의회' 창립총회 안내

30여 년 동안 비인가 대안학교로 험한 길을 걸어온 대안교육기관 대표와 교사들에게는 벅찬 감동과 함께 노력할 것을 다짐하는 자리였다. 채유미 서울시의원과 이상훈 서울시의원은 시의원 전부터 대안교육에 참여하고 이번 창립대회가 있기까지 물심양면으로 도와주고 창립회원으로 참여하기도 하였다. 여섯 명의 연구진도

창립회원으로 참여하여 대안교육의 정책 제안과 현실적인 개선요구 연구 작업에 참여하게 된다.

조희연 서울특별시 교육감이 창립대회에 참석하여 축사를 해주었다. 정관 심의와 7명의 이사와 2명의 감사 임명 그리고 서울대안교육협의회 발기인 송민기 대표를 '(사단법인)서울대안교육협의회' 이사장으로 선출하였다. 창립총회에서는 총 9개의 안건을 심의 의결하고 폐회하였다.

조희연 서울시 교육감은 축사에서 "축하합니다. 학교 안 학생과 학교 밖 학생 모두가 우리의 학생입니다. 대안교육협의회가 다양한 의견을 모아서 건의를 해주세요. 대안교육의 발전은 공교육에 건강한 영향을 미칠 수도 있습니다. 혁신학교 내용의 일부는 대안학교의 경험에서 아이디어를 얻기도 했던 것처럼 말입니다. 조례와 내규를 준수해야 하는 서울시 공교육의 기관장이지만 여러 대안교육 현장의 목소리는 저에게 제도 내면의 진정한 의미를 생각하게하며 다시 한 번 열정을 깨워줍니다."라고 하였다.

송민기 서울대안교육협의회 이사장은 "입시교육을 넘어서 어린이 청소년의 자유로운 성장을 위하여 대안교육을 시작한지 30년이 되어가고 있습니다. 서울에서 활동하고 있는 대안교육기관들이 손잡고 힘을 모아 함께 교육의 다양성을 존중하는 문화를 만들어 갑시다. 안으로는 대안교육의 자율성과 다양성이라는 정체성을 더욱 성찰하여 다듬어야하고 밖으로는 대안교육 법제화에 따른 사회적 책무의 요구에 잘 부응해 갑시다."라고 하였다.

대안교육기관 법

2020년 12월 9일 특별법인 '대안교육기관에 관한 법률'이 국회 본회의를 통과한 뒤, 2021년 1월 4일 '대안교육기관법' 시행령이 국무회의에서 심의·의결되고, 대통령 재가를 거쳐 1월 13일 공포되었다. 2021년 일 년 동안 시행령에 대한 정부기관과 대안교육기관들의 준비기간을 거쳐 2022년 1월 13일 법을 시행하게 되었다.

'대안교육기관에 관한 법률'은 '초중등교육법' 밖 학생들의 학습권을 보장할 것으로 기대를 받고 있다. '대안교육기관에 관한 법률'은 대안교육기관 등록제를 기반으로 학습자 개인의 능력과 창의성을 존중하고, 전인적 교육을 추구하는 대안교육의 핵심 취지를 살리고자 하는 법이다. 시행령은 많은 비인가 대안교육기관 학생의 안전과 학습권을 보장하기 위해 대안교육기관 등록기준 및 등록운영위원회 구성·운영, 교원의 자격요건 등의 내용을 담고 있다.

'대안교육기관에 관한 법률'은 재정지원과 학력인정이 빠진 법률이지만 제도권 밖에서 대안교육을 실천해온 교육현장들에게는 희소식이 되고 있다.

[평생교육사회복지신문. 조광연 편집위원. 2022.04.11.]

# 2-6. 홍천군청소년문화의집
## '사랑의 붓을 들다' 프로그램 진행

　홍천군청소년문화의집(운영대표:최덕현) 벽화동아리 〈공간〉은 5월 13, 14일 이틀간 '사랑의 붓을 들다'라는 프로그램으로 홍천군 장애인복지관 교실 및 외부 컨테이너에 벽화 봉사를 진행하였다. 홍천군 청소년문화의집은 홍천군 청소년들이 이용하는 문화시설로 각종 프로그램을 운영하고 있으며 자유롭게 이용가능하다.

홍천군청소년문화의집 '공간'팀의 작업장 모습

　벽화그리기프로그램은 또래친구들의 공동 작업으로 진행되었다. 학생들은 자신의 부분 영역에서 개성을 뽐내면서 스스로를 만족시켰으며 더 나아가 공동으로 하나의 그림을 이룬다는 데에서 공동체적인 성취감을 느낄 수 있었다고 한다.

문화의 집 주무관은 "이 행사는 청소년들이 사회의 구성원으로 사회를 따뜻한 공간으로 만들어 나가는데 참여하는 취지로 만들어졌다. 청소년들이 즐겁게 참여하여서 좋았다."고 하였다. 이 행사와 함께한 한 예비평생교육사는 "이런 행사를 통하여 청소년들이 즐겁게 남을 도우며 협동하는 모습이 보기 좋았다."고 하였다.

홍천군청소년문화의집 벽화그리기 프로그램은 수시로 운영되고 있으니 관심 있는 청소년(중학생 ~만24세)들은 청소년문화의집으로 전화(033-430-2466) 문의나 방문접수를 하면 된다. 프로그램에 참여한 학생들에게는 자원봉사 시간 부여 및 활동 인증서가 발급된다.

[평생교육사회복지신문. 조광연 편집위원. 2023.05.18.]

## 2-7. 한국 여성 생활 발전의 주춧돌
### 한국여성생활연구원 창립 44주년 기념식

8월 28일 (일요일) 서울 중구 명동 명동성당 카톨릭회관 7층 대강의실에서 한국여성생활연구원 (원장 정찬남)의 창립 44주년 기념행사가 열렸다. 200 여명의 축하객들이 참여한 가운데 변자형 한국여성연합신문 편집국장의 사회로 진행되었다.

한국여성생활연구원 창립 44주년 기념행사 포스터

1부 창립기념식에서 정찬남 원장은 "1978년 8월 관악구 봉천동에서 시작하였습니다. 44년간 여성생활운동을 함께 해온 동지들의 헌신에 감사드립니다. 시대가 변함에 따라 사회가 새롭게 여성생활운동을 요구합니다. 동지들과 함께 힘차게 전진할 것을 약속

드립니다."고 말하였다. 또한 정찬남 원장은 기념식에 참석한 20여개의 각종 여성운동, 통일운동, 평생교육운동, 문해교육운동 관계자, 사회복지 관계자, 천주교 사목팀 그리고 여성생활운동의 졸업교육생 등 다양한 참가자들을 소개하며 감사하였다. 그리고 축하 케이크 커팅은 졸업생 대표와 박병호 선생님 대표 그리고 정찬남원장이 하였다.

졸업과 검정고시 합격 축하

2부 후기 졸업식에서 종합예술단 봄날이 '일어나' 등 세 곡을 선사하였다. 엄명화(대입검정고시합격) 등 10 여명의 후기졸업자와 검정고시 합격자에 대한 인정서등을 수여하였다. 김성자 부원장은 "선생님들의 아낌없는 사랑과 열정 그리고 학습자들의 노력이 만들어낸 소중한 결과입니다."라고 하였다.

졸업생의 문화축제

3부 문화축제에서는 문해학교 졸업자들을 중심으로 기타연주, '예수님 이야기'와 '방귀쟁이 며느리' 동화 구연 그리고 노래교실의 '별빛 같은 나의 사랑아'등 합창을 하였다. 3부 문화행사를 총기획한 박성호 이사는 "이번 공연에 참여한 출연자, 소품을 담당한 스텝, 물건을 날라준 자원봉사자 모두가 함께 만들어낸 귀중한 성과입니다. 우리 모두에게 할 수 있다는 자신감을 주었습니다."라고 말하였다. 이번 행사에 참가한 참가자들은 "재미있습니다. 또 해 봅시다"라고 한 목소리로 말하였다.

재학생과 졸업생들의 '방귀쟁이 며느리' 동화낭독극 장면

◇한국여성생활연구원(원장 정찬남)

◇서울 중구 명동길 80. 가톨릭회관 522호. T: 02-727-2471

◇성인문해교육, 성인평생교육, 전문가양성교육, 평생교육사교육, 자원봉사기관(1365수급처)

[평생교육사회복지신문. 조광연 편집위원. 2022.08.30.]

# 2-8. 사이버 평생교육원: 학점은행제 강좌
## 학교 교육 보완과 학력인증을 위한 다양한 프로그램

학교교육 보완과 학력인증을 위한 학력보완교육의 세 번째 범주는 고등학력보완 프로그램이다. 학점은행제, 학습계좌제, 독학사 학위제등이 운영되고 있다. 전문학사 및 학사 학력의 인증 규정에 의해 평생교육시설 및 기관에서 운영되는 소정의 프로그램이다. 구체적 프로그램으로는 독학사강좌, 학점은행제 강좌, 시간제등록강좌, 대학 비학점강좌 둥이다.

저자가 운영교수로 재직하고 있는 여기스터디 사이버평생교육원 홈페이지

고등학력 보완 프로그램을 운영하는 기관들은 다양하며 여러 평생교육원이나 각 대학교의 사이버 대학 등에서 운영되고 있다. 방송통신대학 또한 고등학력 보완 기관에 해당한다. 각 기관에는 다

양한 프로그램을 운영하고 있어 배우고자 하는 다양한 분야를 배울 수 있다.

그중에서 저자가 운영 교수로 재직하고 있는 여기스터디 사이버평생교육원의 학점은행제 프로그램은 매우 다양하다. 여기스터디뿐 아니라 다른 사이버평생교육원의 학점은행제 프로그램은 여기에 다 열거할 수 없을 만큼 수많은 강좌가 있다.

아래 글은 학점은행제 과정으로 사회복지사 2급 자격증을 취득한 학생의 경험이다. 현재 재가복지센터에서 근무하고 있다.

### ▶ 사이버평생교육원에서의 자격증 취득과정

그는 사회복지사, 보육교사, 청소년지도사 등등 자격증과 학위 취득을 직장을 다니면서도 취득할 수 있는 직장(여기스터디 사이버평생교육원)에서 일을 하다 보니 자연스럽게 사회복지사에 관심이 생기게 되었다고 한다. 자격증은 다른 사이버 평생교육원에서 공부하였다. 공정성을 기하기 위해 본인의 직장에서는 자격증을 취득할 수 없다고 한다.

대학교 중퇴자이기 때문에 학점이 많이 필요했고, 실습을 제외한 전공과목, 교양과목을 모두 온라인으로 수업을 받아 학점을 취득하였다. 필수과목 성적 미달로 과락이 나온 적도 있어 온라인 학습이지만 안일하게 생각했던 그에겐 회초리 같은 가르침이었다.

1년에 42학점만 취득 가능했기 때문에 한 학기에 21학점씩 공부할 수 있었다. 학점은행제 온/오프라인 수업은 모든 과목이 1과목당 3학점이고 공부하는 기간은 15주 과정이다. 한 학기는 6개월이므로 약 3개월 반 정도 되는 기간을 잘 조절하여 수강하는 과목을 3과목, 4과목씩 나눠서 공부하면 업무와 병행하기 좋았다.

중퇴한 학점에서 20학점을 학점은행제 홈페이지 국가평생교육진흥원에 등록하고, 온라인학습으로 57학점을 취득했을 때이다. 실습만 남은 상태에서 코로나가 터지고 실습생을 받지 않는 시기가 되었다. 몇 개월을 미룬 상태에서 실습을 받아주겠다는 재가복지센터에서 연락이 왔다. 재가복지센터는 방문요양, 방문목욕 등의 방문서비스를 어르신들께 제공하는 센터이다.

재가복지센터에서 사회복지사가 하는 일은 요양보호사의 수급자(어르신)에 대한 서비스가 잘 진행될 수 있도록 수급자에 대한 파악과 제공할 서비스를 정리하여 요양보호사에게 전달하고 잘 서비스되고 있는지를 확인하는 업무이다.

코로나가 유행하던 시절에는 실습시간도 160시간이 아닌 80시간만 실습을 하도록 지침이 일시적으로 변경되었던 시기가 있었다. 그는 그때 실습을 진행하여 하루 8시간씩 10일 실습을 하고 실습을 마칠 수 있었다.

실습까지 모두 마치고 80학점이 되었을 때 학점은행제 학위신청을 할 수 있었고, 학위취득을 한 후에 사회복지사 자격증을 신청할 수 있었으며, 자격증을 신청하고 2달이 지나서야 받을 수 있었다.

이후 추가 학점을 취득하여 전문학사에서 학사학위까지 받게 되었다.

▶ 사회복지사 경험

사회복지사로 일을 하기로 결심하게 된 건 부모님의 영향이 컸다. 팔순이 넘으셔도 주유소에서 아르바이트를 하실 정도로 정정하신 아버지셨는데 주유소로 돌진한 차량으로 인해 사고를 당하셔서 한 달을 병원에 누워계셔야만 했다. 아버지가 갑자기 누군가의 도움이 필요할 때 가까이 있는 자식인 내가 아버지를 도와드려야겠다는 생각을 하게 되었고, 요양보호사 공부도 하여 자격증도 취득하게 되었다.

사회복지사로 일을 한다는 것은 어르신에 대한 봉사와 배려, 보호자에 대한 공감, 함께 일하는 요양보호사, 간호조무사, 센터장과 소통이 있어야 한다는 마음가짐으로 시작했다. 시작하면서 결심한 한가지가 있는데 '출근하면 반드시 어르신과 손잡고 눈을 마주치고 인사를 나누자' 였다.

어르신들은 걱정한 만큼 돌보기 힘들지 않았으며, 처음 보는 남자 사회복지사를 반갑게 맞아 주셨다. 매일 손잡고 눈을 보며 인사를 하고 밤새 안녕하셨는지 춥지는 않으셨는지 욕창 매트는 바람이 빠진 게 없는지 체크하고 어르신들의 상태를 체크하는 게 일상이 되었다. 어르신들도 내 손을 잡고 차다, 따뜻하다 말씀해주시고 아침 먹고 오느냐, 배는 안 고프냐 물어보시는 어르신도 있었다.

함께 일하는 요양보호사, 간호조무사, 센터장과도 기존업무를 배우며, 추가하거나 변화가 필요한 업무에 대한 의견도 제시하고 대화를 많이 하게 되었다. 잊어버릴 수 있는 일정은 카카오톡 단톡방을 만들어 카카오일정을 등록하여 단톡방에 있는 모든 직원에게 미리 알림이 울리도록 개선하였으며, 기존업무들도 잘 습득했다.

아직 새내기 사회복지사로서 노인 관련 온라인카페에 매일 방문하여 같은 고민을 하는 사람이 어떻게 해결을 보았는지, 새로운 소식을 나만 모르고 있는지 체크하고, 어르신과 함께 할수 있는 인지프로그램, 회상프로그램, 여가프로그램을 다른 요양원은 어떻게 하는지 찾아보고, 고민하고 어르신과 함께했을 때 어르신들이 즐거워하실지 상상하면 저절로 웃음 지어진다.

# 2-9. 기상청 무료 운영 학점은행
## 기상청이 무료로 운영하는 학점은행제 대기과학 전공과정

세상의 유일한 기쁨은 시작하는 것이다(체사레 파베세, 이탈리아 시인, 소설가).

호랑이해가 시작되었다. 새로운 시작은 늘 설렘을 동반한다. 새로운 꿈을 꾸고 계획하는데 이학사 학위가 필요하다면, 망설이지 말고 올해 도전해보자, 여기 딱 맞는 교육과정이 있다.

기상청 "학점은행제 대기과학 전공과정" 홈페이지 화면

▷ 학점은행제란?

성인 평생학습은 크게 학위과정의 형식교육, 자격증 과정의 비형식교육, 그리고 자격증과도 무관한 무형식학습으로 간단히 분류한다.

학점은행제는 「학점인정 등에 관한 법률」에 의거하여 학교뿐만 아니라 학교 밖에서 이루어지는 다양한 형태의 학습 및 자격을 학점으로 인정받을 수 있도록 하고, 학점이 누적되어 일정 기준을 충족하면 학위취득이 가능함으로써 궁극적으로 열린 학습사회, 평생학습사회 구현을 위한 제도이다. 대상은 고등학교 졸업자 또는 동등 이상의 학력을 가진 사람은 누구나 학점은행제를 이용할 수 있다.

학점은행제는 만학의 꿈을 펼치고자 하는 분, 새로운 전공분야를 공부하고자 하는 분, 중도 포기한 학업을 지속하고자 하는 분, 대학원 진학 준비를 위한 학위취득을 준비하는 분이 이용하고, 학점은행제 학위 취득시에는 「학점인정 등에 관한 법률」에 의거하여 대학 졸업자와 동등한 학력을 인정받는다.

▷ 입학자격 및 학위취득

◇ 입학자격: 고등학교 졸업이상 또는 이와 동등한 자

◇ 학위취득 기준

- 학사학위 소지자(타전공): 기상분야 전공 48학점 이수

- 학사학위 미소지자: 기상분야 전공 60학점 포함 종합 140학점 이수

◇ 추진근거: 평생교육법」제33조(원격대학형태의 평생교육시설), 「학점인정 등에 관한 법률」 제3조 (학습 과정의 평가인정)

기상청 학점은행제 대기과학 전공과정기상청은 대기를 관측하

고 예보하며 기상·기후 정보를 생산하고 연구하여 기상재해로부터 국민의 생명과 재산을 보호하고, 기상기후산업의 증진 등을 위해 국가기상업무를 관장하고 지원하는 중앙행정기관이다.

그러나 우리나라 대학의 기상전공학과는 턱없이 부족하고, 기상예보 등 대기과학 학사 수준의 교육 수요는 지속적으로 요구되기에 기상청이 직접 학점은행제 대기과학 전공과정 개설을 추진하게 되다.

기상청 기상기후인재개발원(원장 권오웅, 이하 '기상청 인재개발원'이라 칭한다.)의 '학점은행제 대기과학 전공과정'은 기상이론과 실무를 겸비한 전문 인력 양성을 위하여 1998년부터 야간(집합)과정으로 교육부의 평가인정을 받아 운영하다가 2007년 9월부터 원격기반 교육훈련기관으로 운영하고 있으며, 소정의 학점을 이수하면 교육부장관 명의 이학사 학위를 취득할 수 있다.

국가기관 또는 지자체의 부설기관에서 운영하는 대부분의 교육과정은 자격증 과정 정도의 비형식 교육이고, 학점은행제 학위과정은 대학평생교육원과 인가된 온·오프라인의 전문교육기관에서 학점 당 일정 금액의 수업료를 받고 운영한다. 그런 면에서 수업료가 무료인 기상청 인재개발원의 '학점은행제 대기과학 전공과정'은 평생학습 측면에서는 정부의 적극적이고 발달된 모범적 평생학습 모델이라 할 수 있다. 원격기반 교육훈련기관이기에 사이버교육(이러닝 콘텐츠)과 집합교육(기상청 사내강사 또는 외부 전문강사)을 병행하였으나, 코로나19 이후에는 원격교육(이러닝, 녹화강의)으로만 진행하고 있다.

▷ 대기과학이란?

최근 지구온난화에 따른 기후변화 때문에 세계 곳곳에서 이상 기상으로 몸살을 앓고 있고 우리나라도 과거와 다른 기상 현상이 빈번하게 발생하고 있다.

기상청은 멀게는 한반도의 기후가 어떻게 변할 것인지 예측하는 일과 가깝게는 우리 일상생활과 밀접한 날씨가 어떻게 변하고 기상재해가 일어날 가능성은 없는지 예측하고 있다.

이러한 기상, 기후 예측의 기본 바탕이 되는 학문이 대기과학이다. 대기과학은 자연환경과 대기와의 상호 관련된 현상과 영향을 연구하는 학문으로 대기 예보 모델, 위성과 레이더 기상 등의 원격 탐측, 기후 시스템, 기후 모델, 응용 기상 등에 대해 종합적으로 연구하는 과학이다.

▷기상청 학점은행제 개설과목

대기과학 학사과정은 대기과학의 이론과 기상 실무를 접목한 체계적인 교육을 진행하기 위해 전공필수 8개 과목과 전공선택 12개 과목으로 운영되며, 한 학기당 4과목씩 나누어 개설한다. 향후에는 기후위기에 대한 수요 급증을 반영하여 기후변화 관련 과목을 증설할 계획이다. 자세한 과목에 관한 안내는 기상청 학점은행제 홈페이지에서 확인하면 된다.

▷ 기상청 학점은행제 수강생 현황

수강생은 과정 개설 초기에는 기상청 직원의 비율이 높았으나 이제는 외부 학습자들의 비율이 훨씬 높다. 그동안 기상청 직원, 기상관련 업무 종사자, 군인, 과학교사 등 다양한 분야에 종사하고 있는 220여명이 기상청의 '학점은행제 대기과학 전공과정'을 통해 이학사 학위를 취득하였다. 최근에는 기상기후에 관한 학습자의 영역이 기업, 시민단체 그리고 기후매니아층 등으로 넓어지고 있다.

신윤숙 주무관은 "날씨, 기후변화 등에 관심 있는 분들은 누구나 '학점은행제 대기과학 전공과정'을 통해 대기과학에 대한 보다 깊은 공부를 할 수 있으니 많은 관심 부탁드린다."고 하였다.

▷ 기상청 학점은행제 신청방법 2022년도 봄학기 기상청 학점은행제 대기과학 전공과정(원격기반 교육훈련기관)은 3월 2일부터 6월 10일까지 운영되며, 신청접수는 기상청 학점은행제 홈페이지(https://hrd.kma.go.kr)에서 2월 3일부터 2월 16일까지 진행한다.

기상청 기상기후인재개발원 https://www.kma.go.kr/

기상청 학점은행제 대기과학 전공과정(원격기반 교육훈련기관)

[평생교육사회복지신문. 조광연 편집위원. 2022.01.19.]

찬찬하고 아름다운
평생교육 이야기

3. 직업능력교육

## 3. 직업능력교육

보편적 학습사회 실현을 주장하는 대한민국의 평생학습 분류체계는 평생교육 6진체제이다.

평생교육 육진 분류 중에서 셋째는 학교교육을 마친 사람이 직업세계에 진입하여 주어진 역할과 책무를 수행하며 새로운 삶의 가치를 창출하도록 하는 직업능력교육이다. 이것은 청운의 꿈을 상징하는 파랑의 색감으로 상징화되는 평생교육체제를 뜻한다.

직업능력교육에 대해서는 서울 iT아카데미 홍대 교장인 이상헌이 자세히 써 두었다.

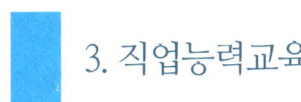

출처: 국가직무능력표준 홈페이지, www.ncs.go.kr

직업능력개발교육(훈련)은 국민평생직업능력개발법에 따라 모든 국민의 평생에 걸친 직업능력개발을 촉진·지원하고 산업현장에 필요한 인력을 양성하며 산학협력 등에 관한 사업을 수행함으로써 국민의 고용창출, 고용촉진, 고용안정 및 사회·경제적 지위 향상과 기업의 생산성 향상을 도모하고 능력중심사회의 구현 및 사회·경제의 발전을 목적으로 한다.

직업능력교육은 세 가지로 분류하고 그 분류에 해당하는 프로그램은 다음과 같다. 첫째는 직업준비 프로그램이다. 이 프로그램은 특정 직업에 새롭게 취직하기를 희망하고 성공적인 창업에 필요한 지식, 정보, 기술, 기능을 획득하고 관련 조건을 체계적으로 준비할 수 있도록 지원하는 프로그램이다. 예를 들면, 인력양성과정, 창업관련과정, 취업준비과정, 재취업 정보교육 등이다.

둘째는 자격인증 프로그램이다. 이 프로그램은 특정 직업의 직무수행에 필요한 전문적인 지식, 기술, 기능이 일정한 수준에 도달하여 소정의 자격을 제도적으로 인증 받을 수 있도록 지원하는 프로그램이다. 예를 들면, 외국어 자격인증, 각종 지도사 양성과정, 각종 자격증 취득과정, 자격인증과정 등이다.

셋째는 현직직무역량 프로그램이다. 이 프로그램은 현직 종사자에게 보다 발전적인 직무수행에 필요한 관련 지식과 정보를 획득하게 하고, 관련 기술과 기능을 습득하고 익힐 수 있도록 지원하는 프로그램이다. 예를 들면, 공통 직무연수, 전문 직무 연수, 경력개발 과정, 평생교육사 연수, 토익.토플 프로그램 등이다.

각 지자체에서는 각종 센터에서 능력 개발을 위한 프로그램을 운영하고 있다. 각 평생교육 기관들에서는 수준 높은 강의를 하고 있으며 보다 구체적이고 직업연관성이 높은 각종 강의가 다양하게 준비되어 있어 실제 취업이나 자격증 취득이 가능하다. 각 지자체에서는 또한 여성개발원을 운영하여 실제적인 취업을 돕고 있으며 경력단절 여성을 위한 상담도 할 수 있다.

구체적인 직업능력개발교육에 관해 자세히 설명하면 아래와 같다.

직업능력개발교육은 훈련 목적에 따라 1)양성훈련(직업에 필요한 기초적 직무능력수행능력을 습득, 이른바 실업자교육), 2)향상훈련(양성훈련을 받은 사람이나 더 높은 직무능력수행능력을 습득, 이른바 재직자교육), 3)전직훈련(종전의 직업과 유사하거나 새로운 직업에 필요한 직무수행능력을 습득)으로 구분한다. 또한 교육(훈련)의 실시방법에 따라 1)집체훈련(훈련전용 시설에서 실시), 2)현장훈련(산업체 생산시설 또는 근무장소에서 실시), 3)원격훈련(온라인), 4)혼합훈련(2개 이상 병행)으로 나뉜다.

2010년 도입된 국민내일배움카드는 국민의 자율적 직업능력개발을 지원하기 위하여 직업능력개발훈련비용을 지원하는 계좌(직업능력개발계좌)를 발급하고 직업능력개발 이력을 종합적으로 관리하는 제도이다. 국민내일배움카드의 사용 및 지원범위는 1)훈련

참여자의 사회·경제적 지위, 2)참여하는 훈련의 종류에 따라 차등 적용되며, 고용노동부가 인정한 적합훈련과정 수강에 대하여 5년간 최대 500만원을 지원한다. 고용노동부 인정 적합훈련과정은 HRD-net(www.hrd.go.kr)에서 검색할 수 있다. 직업능력개발교육(훈련) 비용은 근로자와 사업자가 납부하는 고용보험기금을 활용하고 있는데, 1)실업급여, 2)직업능력개발지원, 3)육아휴직 급여, 4)출산전후 휴가 급여, 5)고용안정지원금으로 구분할 수 있다.

2016년 도입된 국가직무능력표준(National Competency Standards, NCS)은 산업현장의 직무를 수행하기 위해 필요한 능력(지식, 기술, 태도)을 국가적 차원에서 표준화 한 것으로 능력단위 또는 능력단위 집합을 의미한다. NCS는 교육(훈련)과정 설계, 직무분석, 공공기관 채용, 실업계 고교 및 전문대학 등에서 활용하고 있다.

# 3-1. 행복한 직장인을 위한 프로그램 진행
## 학습자가 포트폴리오 발표하는 서울 iT아카데미 홍대

 8월 27일 마포구 합정동 서울 iT아카데미 홍대(학교장 이상헌)는 '(게임콘텐츠제작)유니티 2D, 3D 게임프로그래밍 제작 실무자 양성과정' 마지막 날 행사로 포트폴리오 제작발표회를 진행하였다. PBT(Project Based Training) 방식으로 훈련한 수료생들이 3개 조로 나뉘어 프로젝트를 발표하였다.

국비 국민내일배움카드 교육과정

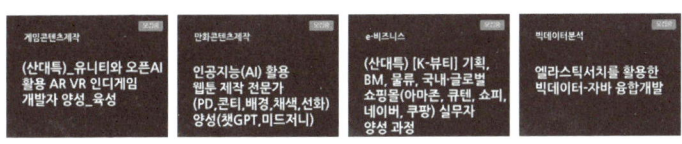

서울 IT아카데미 홍대 홈페이지

 이 제작발표회 현장에는 AI스마트팩토리 솔루션을 선도하는 기업 대표도 참여하여 발표자들을 격려하였다. 이 훈련과정은 지난 3월 17일 시작하여 8월 27일까지 860시간을 진행하였다. 이 과정은 '국가기간·전략산업'으로 100% 국비지원교육으로 이루어졌다.

이 훈련과정을 지도하는 우상준교수는 "4차 산업혁명 시대를 이끌 IT 전문가를 양성한다는 목표 아래 게임산업 현장에서 활용빈도가 높은 직무를 수행과제로 선정하여 이번 발표를 준비하였다."고 하였다. 이날 포트폴리오 제작발표회에서는 수료생을 3조로 구성하였다. 각 조는 2~5명으로 구성하였다. 1조의 프로젝트명은 3D 전략적 팀 전투로 '프로그래머 입장에서 본 오토배틀러 장르란 무엇인가'를 표현하는 의도로 제작되었다. 2조의 프로젝트명은 디아블로3로 '디아블로3를 모작하여 그 시스템과 액션감, 네트워크 등을 공부' 하고자 하는 의도로 제작되었다. 3조의 프로젝트명은 쿼드액션으로 '수업에서 배운 내용을 바탕으로 과거에 재밌게 했었던 네트워크 대전 게임을 모작' 하고자 하는 의도로 제작되었다. 지난 제작발표회 동영상은 학교 홈페이지에 많이 올려 있다.

▷ 기초노동법과 진로상담을 강화한 IT 직업교육

이 훈련과정은 NCS 기반의 인공지능 프로그램을 활용하여 온라인 게임기획, 게임제작을 훈련한다. 그러나 이 뛰어난 교육훈련과정 이외에도 비 NCS 기반의 진로상담교육이 이루어지고 있다. 이 훈련과정의 행정교사 김진수 팀장은 "교수님과 호흡을 맞추어 진로직업상담, 자기소개서 쓰기를 강화하였다"고 한다. 모의 면접을 도입하는 등 취업준비 프로그램을 강화한 이상헌 학교장은 "취업교육의 내용은 행복한 직장인이 되도록 도와주는 것이다. 이를 위해서 몇 가지 역량강화 교육을 한다. 기업이 필요로 하는 기술능력을 가질 것. 회사의 업무 가치와 내 삶의 가치를 비교, 조정하는 능력을 가질 것, 그리고 기초노동법을 익혀 스스로를 보호하며 회사와 소통하는 관계능력을 기를 것"이라고 하였다. 그래서 기술훈련과정에 이러한 진로상담과 모의 면접 그리고 기초노동법 교육을 첨가하였다고 한다.

▷ 서울 iT아카데미 홍대, 2년 연속 우수훈련기관상 수상!

서울 iT아카데미 홍대는 2024년 서울지역 인적자원개발위원회에서 산대특(산업구조변화 대응 특화훈련) 우수훈련기관으로 선정되었다. 2023년에 이어 이번이 두 번째이다.

서울 iT아카데미 홍대 (seoulit.or.kr )

서울시 마포구 양화로 12길 23 2, 3층(서교동 373-6)

Tel : 02-2278-5700

[평생교육사회복지신문. 조광연 편집위원. 2021.09.05.]

## 3-2. 하남시 장애인복지관: 청년대학
### 청년대학에서 검도 하는 성인발달장애인들

경기도 하남시에는 하남시 장애인복지관(관장 민복기)에서 운영하는 청년대학이 있다. 2018년 3월 28일 개관한 하남시 장애인복지관 개관에서는 성인발달장애인들의 사회자립을 증진시키는 프로그램으로 청년대학을 운영한다.

하남시장애인 복지관 농구체험교실

하남시에 두 번째 설립된 하남시 장애인복지관은 장애인에 관한 토탈복지서비스를 제공하고 있다. 하남시 장애인복지관은 경영지원팀, 전략기획팀, 아동청소년지원팀, 성인평생교육지원팀, 지역사회개발팀, 직업능력개발팀, 주간보호센터를 운영하고 있다. 그

중 성인평생교육지원팀은 청년대학, 문화예술, 열린 문화, 교육아카데미, 정보화, 생활체육에서 30여개의 프로그램을 운영하고 있다. 그 프로그램 중의 중요한 하나가 청년대학이다.

사회자립을 위한 사회성 증진 및 스트레스 해소 프로그램을 운영하는 청년대학.

청년대학은 평일 오전 10시부터 오후 5시까지 운영된다. 청년대학은 성인발달장애인들의 사회자립을 위한 사회성 증진 및 스트레스 해소 프로그램을 운영한다. 복지관 2층의 평생교육원실이 주된 교실이다. 그리고 4층의 '스포츠 활동실'이 청년대학의 운동장이다. 주된 학습활동은 정보화교육, 언어교육, 미술교육, 캘리그래피, 인성교육을 한다. 스포츠 활동은 태권도, 탁구, 농구 등을 한다. 청년대학은 3년 과정으로 개설되었다.

하남시 장애인복지관 (http://www.hanamrehab.or.kr)

경기도 하남시 미사강변남로56.

T. 031-794-2266

[평생교육사회복지신문. 조광연 편집위원. 2020.06.05.]

# 3-3. 학원운영자에서 사회복지사로
### 인생 2막: 동행재가복지센터 센터장 정상현

경기도 군포시 금산로 6번길 3에는 '동행재가복지센터(대표 정상현)'가 있다. 이 센터는 금정역과 군포역의 가운데쯤으로 금정동 행정복지센터 주변, 큰 도로와 상가 밀집 지역에 위치하고 있다. 이 센터의 시설장인 정상현 대표는 사회복지사로 인생 2막을 시작하고 있다. 정 대표는 60대 초반의 학원운영자 출신이다. 30여 년 동안 유명 수학 강사와 학원 운영을 통해 학생진로지도에 공헌하였다.

경기도 군포시 동행재가복지센터의 안내 글

학원을 하면서도 약자에 대한 배려를 항시 생각했던 정상현 대표는 요양보호사로 1년 6개월 정도 방문 요양을 하였다. 몸이 불편한 클라이언트의 목욕을 도와주는 것이 힘들기는 해도 보람이 있다는 소신에 따라 본격적으로 이 센터를 운영하게 되었다. 25명 정도의 클라이언트와 15명 정도의 요양보호사 그리고 1명의 사회복지사와 함께 오늘도 클라이언트의 행복한 삶을 위해 정진하고 있다. 정상현 대표님의 인생 2막, 힘찬 출발에 응원을 보낸다.

동행재가복지센터: 031-427-3311

[평생교육사회복지신문. 조광연 편집위원. 2021.07.07.]

# 3-4. 야간학교장에서 인력사무소대표로
## 교실과 새벽 인력시장을 넘나드는 인력사무소 소장

인생 2막: 교실 칠판과 새벽 인력시장을 넘나드는 한길 인력사무소 소장 김종한.

노성야간학교와 의정부병원과의 업무협약식 때의 김종한 교장선생님(왼쪽).

6월 16일. 화요일. 더위가 한창인 날, 한길 인력사무소 김종한 대표를 어린이대공원에서 만났다. 대공원에서 만나 이야기하는 점심시간에도 여기저기서 전화가 온다. 목수를 3명 보내달라는 전화, 학교공사현장에 4명을 보내달라는 전화 등. 그리고 내일 일 나가야 하는 노동자와 가능여부를 묻는 전화로 바쁘다. 김종한 대표는 항상 이렇게 바쁘다. 새벽 4시 정도에 일어나 5시 정도면 사무실에 나가 현장으로 건설 노동자들을 파견한다. 이 사람들은 정말

힘든 일을 하는 기능공들이다. 김종한 대표는 이 현장 노동자들이 모든 브랜드의 아파트를 다 만드는 기능공들이라고 대단한 자부심을 가지고 힘찬 목소리로 말한다.

김종한 대표는 대학생 때부터 건설현장 일을 하였다고 한다. 대학생 때 남들이 과외를 할 때 본인은 현장에서 일하는 아르바이트를 하였다. 그러니 건설 현장과 인연은 35년이다. 그렇다고 꾸준히 현장 일을 한 것은 아니고 인생의 날이 무뎌진다는 생각이 들 때는 가차 없이 건설현장에 와 땀 흘린 돈을 만졌다. 그러다 한길 인력사무소의 소장이 되었다.

한길인력의 꿈

한길인력 사무실에는 책이 많다고 한다. 틈틈이 현장 노동자들이 책을 읽고 쉬게 하기 위함이다. 일일노동자가 이용하는 작은 도서관을 만들어 같이 일하는 분들이 잘 쉬는, 지혜로운 노동자이길 바라기 때문이다. 김종한 소장의 바람은 또 있다. 이 일일 노동자들이 삶에서 더 안정적으로 생활할 수 있는 방법이 무엇인가 찾고 싶다고 한다. 일용노동자들에게 그날, 그날 지급되는 일급을 매칭펀드 해서라도 목돈으로 만들게 하고 싶다고 한다. 그런데 소장 본인도 옛날에는 더운 현장에서 일하고 나면 시원한 막걸리가 생각나서 받은 돈을 써버렸듯이 많은 일용 노동자들은 저금이 어렵다고 한다. 그래도 일일노동자들이 자활할 수 있도록 또는 노후에 안정될 수 있도록 하는 방법을 꼭 찾겠다고 한다. '청년내일채움공제'처럼 노동자의 매월 일정액의 저금에 기업과 정부의 지원으로 2-3년 후에 목돈을 마련하는 방법으로서의 '건설현장 일일노동자 채움공제'라는 것이 있을 날을 생각해본다.

의정부 노성야학 김종한 교장선생님

김종한 한길인력사무소 소장의 명함은 작년까지는 또 하나 더 있었다. 1981년 개교한 의정부노성야학 교장이었다. 2018년, 2019년 2년 간 교장을 역임하였다. 노성야학은 130명 정도의 성인학습자들이 초등, 중등, 고등과정을 학력 인정 문해교육 과정, 검정 고시과정으로 공부하는 문해교육 기관이다. 이 기관의 교장으로 2년간 근무하며 민주시민 교육과정도 운영하고 문화강좌도 운영하며 문해교육 기관에서 명실상부한 평생교육 기관으로의 활동 범주를 넓힌 교육자이다. 김종한 대표는 노성야학에서 20년 정도 사회 선생님으로 근무하였다. 할머니들과 소풍가고 수학여행가고 수업하는 것이 가장 즐겁다고 한다. 그러나 현재는 책 읽는 건설현장 일일노동자들의 여가와 안정을 위해 매진할 때라고 한다. 이 시대의 문무를 겸비한 교장 선생님 출신 인력사무소장이다. 이상과 현실을 팽팽하게 당기고 살아가는 김종한 인력사무소 소장을 응원한다.

[평생교육사회복지신문. 조광연 편집위원. 2020.06.18.]

## 3-5. 기업이 찾아가는 직장인 평생학습
### 구미시 평생학습원의 찾아가는 평생학습

구미시 평생학습원(원장 이종우)은 기업과 함께하는 평생학습도시 구미 조성과 직장인의 평생학습 참여 기회 확대를 위해 '직장인을 위한 평생학습'을 운영하고 있다.

이 사업은 구미시에 소재하고 있는 기업체를 대상으로 선정하여 교육을 진행하며, 명사특강과 일반특강, 기업(직장인) 맞춤형 배달강좌 등의 평생학습 과정이 개설되어 있다.

1982년 준공된 구미시 평생교육의 산실, 구미시평생학습원

구미시 평생학습원과 기업이 함께하는 평생학습 프로그램

명사특강은 '부모 및 자녀교육-오은영, 김미경 등', '역사, 근대사, 세계사-최태성, 이다지 등', '소통, 관계, 심리-박지선, 권일용

등'이 있으며, 기업에서 희망 강사(주제)를 신청하면 평생학습원에서 공통·유사 강사(주제) 분류 및 조정하고, 운영 장소 검토 및 선정이 이루어진다. 위탁기관에서는 강사 섭외와 강좌 운영, 학습자 관리 및 성과 관리를 담당하고, 마지막으로 기업에서 사내 홍보를 통해 학습자를 모집하게 된다.

일반특강도 기업 수요조사(신청 시 최소 강좌 인원은 대기업 60명 이상, 중소기업은 30명 이상)를 통한 교육주제별 강사 선정 후 교육을 진행하며, 총 20개(직장인의 합리적인 재테크, 아이를 위한 하브루타 대화법, 신중년 인생2막 프로젝트 등)내외 강좌가 준비되어 기업별로 3~4개 강좌를 신청할 수 있다.

퇴근 후 놀면 뭐하니?

유혜민 예비 평생교육사는 "잠재적 평생학습자분들이 다양한 방면에서 접할 수 있게 통로를 마련한 만큼 많은 학습자가 구미시 평생학습원과 평생학습 사업에 관심을 가져 유익한 정보를 얻어가길 바란다."라고 전했다.

구미시 평생학습원 홈페이지: www.gumi.go.kr/edu/main.do

구미시 평생학습원 전화: 054-480-4333

[평생교육사회복지신문. 조광연 편집위원. 2023.05.28.]

# 3-6. 팬데믹 시기의 현장실습 기관 구하기
## 현장실습기관 구하기 해법을 찾아 나선 수원과학대학교

평생교육을 전공하려는 교육학과 학생들과 사회복지학과 학생들의 졸업에 비상이 걸렸다. '평생교육 현장실습, 사회복지 현장실습'과목은 평생교육사, 사회복지사 자격증 취득의 필수과목이다. 그리고 졸업을 위해서도 전공필수 과목이다.

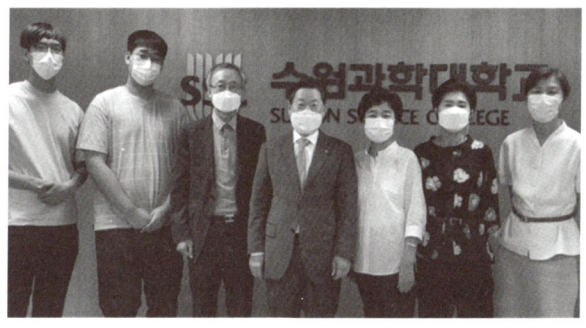

'사회복지 현장실습' 해결책을 찾는 수원과학대학교(현: 수원대학교)

그러나 코로나 19로 '평생교육 현장실습, 사회복지 현장실습'과목 운영을 위한 많은 '실습기관'이 미실시를 결정하였다. 학생들은 대학의 과목은 신청하였지만 대부분 160시간(1일 8시간 근무 시 4주)의 기간이 필요한 실습기관을 구하지 못하면 이 전공필수과목을 이수할 수 없다. 졸업에도 빨간 불이 들어온다. 이 상황은 대학생 혼자서 여러 기관에 실습을 의뢰한다고 해결될 문제만이 아니다. 대학, 평생교육사협회, 사회복지사협회, 평생교육기관협의회, 사회복지기관협의회 등의 차원에서 나서서 머리를 맞대고 해결하여야 한다. 여기 선도적으로 '현장실습' 문제 해결책을 찾는 대학을 소개한다.

8월 24일 선도적으로 '사회복지 현장실습' 대책을 세운 수원과학대학교(수원대학교)

2020년 8월 24일 수원과학대학교 정원섭 총장은 최근 코로나19 바이러스가 확산되어 국가자격증 취득을 위한 실습에 심한 어려움을 겪고 있는 학과의 상황을 살피고 해결책을 찾고자 학생, 교수, 가족회사 기관장과의 자리를 마련하였다.

사회복지를 전공하는 학생들에게 '사회복지 현장실습'은 이론과 실천을 이어주는 중요한 연결고리가 되고 진로를 결정하지 못하고 있던 학생에게는 사회복지사의 길로 이끌어주는 계기가 되기도 하는 중요한 과정이다. 그럼에도 국가자격증을 취득하는데 필수가 되는 실습이 코로나로 인해 곳곳에서 중단되자, 정 총장이 가족회사인 행복가득한주간보호센터 박윤자 센터장을 초빙하여 대안을 함께 강구한 것이다. 이 자리에는 지무성 부총장, 송건 교학처장, 김인숙 학생복지처장, 홍나미 사회복지학과장과 학생들이 참여하였다.

이 대학 사회복지과 교수로 재직한 바 있고, 사회복지학 전공의 간호학 박사인 박 교수는 "방역수칙을 철저히 준수하고, 노인, 장애인 등 취약층의 관리에 더 세심한 관심을 기울여야 한다."고 강조하였다. 정총장은 "사회적 거리두기 3단계 격상이 고려될 만큼 어려운 시기가 와 당장의 실습은 무리가 있지만 가을 학기 동안 비대면 실습 허용을 정부 부처에 더 요청하는 등 최선을 다해서 졸업 예정 학생들이 100% 실습과목을 이수하여 무사히 사회복지사 자격증을 취득할 수 있도록 힘을 모으자."고 당부했다.

[평생교육사회복지신문. 조광연 편집위원. 2020.08.27.]

# 3-7. 광진구 평생학습매니저 수료식 거행
## 학습나루터(동네배움터)의 학습매니저

3월 29일. 2022년 평생학습매니저 수료식이 서울시 광진구 나루아트센터 소공연장에서 진행되었다. 서울특별시 광진구(구청장 김선갑)에서는 "2022 평생학습매니저 양성과정"을 3월 11일부터 3월 29일까지 총 6회 18시간 진행하였다. 이 과정에는 37명이 지원하여 28명이 수료를 하였다.

평생학습매니저 양성과정 릴레이 수료식 장면(왼쪽)
수료생이 모든 수료자에게 선물한 동백꽃 브로치(오른쪽)

이 양성과정을 수료한 평생학습매니저들은 이미 준비된 우수 평생학습 프로그램이 동네에서 잘 진행될 수 있도록 기획, 모집, 홍보, 운영, 평가에 참여하게 된다. 광진구는 학습나루터(동네배움터) 사업을 통해 주민이 일상 가까이에서 평생학습 프로그램을 만날 수 있도록 노력하고 있다. 이번 평생학습매니저 양성과정은 빈틈없는 학습나루터 만들기의 밑거름이 될 것이다.

우수한 강사진과 우수한 평생학습매니저

이번 양성과정에는 실무 경험이 탁월한 분들이 강사로 참여하였다. 양성과정의 내용도 현장에서 바로 사용가능한 삶에 아주 가까이 다가가는 평생교육, 민주시민교육 내용과 강사와 학습자를 매개하며 소통하는 즐기는 학습매니저 모습을 교육하였다.

이 행사를 기획한 광진구청 교육지원과 황윤희 과장은 "광진구가 평생학습도시로 선정된 2022년에 우수 평생학습매니저들을 지역 활동가로 양성하여 동 평생학습프로그램을 활성화하고자 한다."며 양성과정 사업의 배경 취지를 설명하였다.

교육지원과 평생교육팀 이춘희 팀장은 수료식에서 " 슬리퍼를 신고 동네주민이 참여할 수 있는 우수 프로그램을 만들자. 주민 가까이 일상학습관을 발굴하자. 그래서 코로나 시대가 우리에게 준 교훈인 〈이웃과 더불어 건강하고 행복한 동네〉를 만들어 보자"고 평생학습매니저에게 당부 하였다.

마지막 6회에서는 모든 학습매니저가 자기소개와 잘하는 것과 하고 싶은 것을 발표하고 학습매니저로서의 비젼, 목표를 발표하였다. 그리고 릴레이 수료식도 진행하였다.

오늘 수료하는 김진희 평생학습매니저는 〈동백꽃〉 꽃핀브로치를 동료매니저들 모두에게 선물로 제공하였다. 홍인선 주무관은 "여러 평생학습매니저들의 적극적인 참여 열기에 뭉클한 감사를 느낀다. 나도 초심의 열정으로 돌아가게 된다."며 평생학습매니저를 응원하였다.

| 회차 | 일정 | 주제 | 강사 |
|---|---|---|---|
| 1 | 3.11. (금) 10:00~13:00 | 삶에 닿는 평생교육 | 신민선 |
| 2 | 3.15. (화) 14:00~17:00 | 삶에 닿는 민주시민교육 | 조철민 성공회대교수 |
| 3 | 3.18. (금) 10:00~13:00 | 평생학습자 그들은 누구인가? | 신민선 서울여대교수 (전)한국평생교육사 협회 회장 |
| 4 | 3.22. (화) 14:00~17:00 | 학습매니저란? | 원지윤 은평평생학습관 사무국장 |
| 5 | 3.25. (금) 10:00~13:00 | 이웃에 닿는 소통전략 | 최숙희 부천시평생교육사협회 회장 소통문화협회대표 |
| 6 | 3.29. (화) 14:00~17:00 | 나는 평생학습 매니저 입니다!! | 홍인선 교육지원과 평생교육팀 |

[평생교육사회복지신문. 조광연 편집위원. 2022.03.29.]

찬찬하고 아름다운
평생교육 이야기

4. 문화예술교육

## 4. 문화예술교육

　보편적 학습사회 실현을 주장하는 대한민국의 평생학습 분류체계는 평생교육 6진체제이다. 대한민국의 평생교육 6진 체제는 모든 국민이 경험하는 전 생애 동안의 학습궤적(lifelong learning trajectory) 6개의 경로를 상징한다. 그 경로는 기초문해교육으로 시작하여 학력보완교육, 직업능력교육, 문화예술교육, 인문교양교육, 시민참여교육으로 이어지는 평생교육의 의미와 가치가 반영되어 있다. 이는 김진화(동의대 교수)에 의해 개발되어 국가평생교육진흥원에서 사용하는 대한민국 평생교육 분류체계이다.

　평생교육 육진법 분류 중에서 넷째는 사회구성원이 일터와 일상생활을 넘나들면서 각자의 삶을 풍요롭게 하는 취미오락과 문화예술을 경험하고 향유 하도록 지원하는 문화예술교육이다. 이것은 바쁘고 긴장된 일터와 직무에서 벗어나 각자가 향유 하고 싶은 오렌지빛 색감의 취미와 소질을 생활화하도록 하는 평생교육체제를 의미한다. 문화예술교육은 문화예술적 상상력과 창의력을 촉진하고 문화예술 행위와 기능을 숙련시키는 일련의 과정과 일상생활 속에서 문화예술을 향유하고 접목할 수 있는 능력을 개발하는 평생교육이다. 간단히 문화예술 향유와 활용능력을 기르는 과정이다.

문화예술교육은 세 가지로 분류하고 그 분류에 해당하는 프로그램은 다음과 같다. 첫째는 레저생활 스포츠 프로그램이다. 이 과정은 체력증진 및 여가선용을 위하여 일상생활 속에서 지속적으로 행하는 체육 활동 및 전문적 스포츠 관련 프로그램이다. 예를 들면, 레저 활동강좌, 생활 스포츠 강좌, 스포츠 예술 활동, 수영·골프 강좌, 밸리댄스 교실, 활쏘기 등이다.

둘째는 생활문화예술 프로그램이다. 이 과정은 문화예술을 일상생활에 접목하여 생활문화의 질을 향상시키고, 삶의 문화를 보다 풍성하게 향유 할 수 있도록 지원하고 인증하는 프로그램이다. 예를 들면, 풍선아트 강좌, 사진예술강좌, 천연염색 강좌, 생활공예 강좌, 노래교실 등이다.

셋째는 문화예술향상 프로그램이다. 이 과정은 문화예술작품 및 행위를 의미 있게 체험하고 문화예술적 가치가 높은 작품을 완성할 수 있도록 체계적으로 지도하고 인증하는 프로그램이다. 예를 들면 음악·무용, 미술· 서예, 문화예술 관람, 도자기·공예, 연극·영화 등이다.

# 4-1. 특성화 교실: 자서전 쓰기와 동화 읽기
행복한 내 인생 만들기. 강사: 조광연

저자는 서울시 문해교육 특성화 프로그램 지원사업인 "행복한 내 인생 만들기"의 일환으로 한국여성생활연구원(원장: 정찬남)에서 자서전 쓰기와 동화 읽기 수업을 진행하였다.

완성된 인생자서전 표지

동화 읽기와 자서전 쓰기를 통한 행복한 인생 만들기 프로그램의 목적은 두 가지이다.

첫째는 다양한 활동(자서전 기획과 동화 읽기)을 통해 아름다운 인생을 설계하는 기회를 제공하는 것이다.

둘째는 동화 읽기를 통해 공동체의 발전에 기여 하는 기회를 제공하는 것이다.

구체적인 수업 방법으로는 먼저 친숙한 동화를 다시 읽는 것부터 시작하였다. 동화를 읽으며 사회에는 서로 다른 성격을 가진 다양한 사람들이 있다는 것에서 시작하였다. 내가 아는 나의 성격과 타인이 생각하는 나의 성격을 발견하는 시간이 되었다. 학습자들은 자신이 생각하는 자신의 모습과 타인이 생각하는 나의 모습이 조금은 다르다는 것을 알게 되었다.

참조 동화책은 「자기성장 전래동화」(조광연 글, 율나무 출판사, 2021)이다.

▷ 여성생활연구원의 우리 할아버지, 할머니 학생들이 만든 동화 구연 기술.

① 천천히 읽어본다.

② 여러 번 읽어본다.

③ 말하듯이 해본다.

④ 책과 다르게 자연스럽게 말해도 된다.

⑤ 맡은 역할의 마음이 되어 말해본다.

동화 읽기를 통해 사회에는 다양한 사람이 어울려 살고 있음을 알게 된다. 그러면 이후 그 다양한 사람들의 다양한 삶을 기록해보는 자서전 쓰기를 시작한다.

▷ 자서전 기획

1) 자서전을 쓰는 이유

①후손들에게 물려줄 정신적 유산이다: 옛날의 학창시절, 엄마 아빠의 연애담, 그 시절 먹거리 등.

난 엄마 인생에 무슨 일이 있었는지, 어떤 느낌이었는지 알고 싶어. 좋은 전통 물려주려는 의미의 담지자. 단순한 흥미를 넘어 그 이야기속에서 의미를 찾고 자신의 삶에 지침으로 삼으로 한다.

②내가 누구인지를 인식하게 해준다(구본형 10년마다): 자신의 삶을 되돌아보고 다시 10년의 삶을 설계하기 위해.

재구성된 과거, 인식되는 현재, 계획하는 미래: 서사적 정체성

미처 깨닫지 못했던 자신의 목적과 결심, 충만한 인생에 대한 인식을 발견할 수 있을 것이다.

③나 자신을 치유하는 치유 효과가 있다: 마음속의 한이 열등감과 분노의 원천이 되고, 용기와 자신감을 깍아먹는다.

이 스트레스를 바깥으로 발산하는 과정이다. 이 과정 이후에 진정한 화해가 있다. 다시 살아갈 힘을 얻는다.

▷ 자서전을 망설이는 이유

① 누가 내 인생에 관심이 있을까? 괜히 비웃음거리가 되지는 않을까?

나의 지난 시간을 되돌아보고 기록하는 일은 그 자체로 소중하고 필요하다. 잘난 점을 내세우고 허물을 감추려는 함정에 빠지지

않는다면 내 인생이야기는 사람들의 관심을 끌만 한 고유한 가치가 있다.

사랑하는 가족이나 친구 또는 아직 태어나지 않은 자손, 나와 비슷한 상황에 처한 사람 같은 그 누군가가 옆에 앉아 당신에게 질문을 던진다고 생각하며 대화하듯이 자신의 이야기를 쓰자.

② 과연 내가 쓸 수 있을까? 그렇게 잘 쓸 것 같지 않은데.

문학적 글쓰기를 고집하지 말고, 생활 글쓰기이면 된다. 언제, 어디서, 누가, 무엇을 어떻게, 왜 라는 기본 공식에 맞추자. 잘 쓰고, 못 쓰고 보다는 진실하고 솔직한 글쓰기가 중요하다. 전기작가 츠바이크는 '자서전에서 위대함은 솔직함이다'라고 말했다.

이러한 분위기 만들기가 강사의 힘: 어렵게 생각하지 말고 인생의 소소한 경험부터 시작하자. 이건 내 얘기이다. 이걸 가장 잘 쓸 수 있는 사람은 바로 나뿐이다.

③ '이렇게 나 자신에 대해 생각하는데 너무 많은 시간을 할애해서는 안 될 것 같은데….'

과거에 대해 오래 생각하는 것이 정신 건강에 좋지 않다고 부질없는 일이라 여긴다.

인생을 돌이켜 보는 그 시간은 인생의 어느 한 시기만큼 중요한 일이다. 기억이나 회고를 기록하는 시간은 가족과 다음 세대를 잇는 소중한 연결고리로 바뀔 것이다.

그런 걸 쓴다고 인생이 달라지나? 살아오면서 좋은 일만 있었던 것도 아닌데, 과거를 골똘히 생각하고 들여다보는 것이 괴롭고 부질없다고 생각될 수 있다. 자서전은 나의 사람들, 나와 세상을 다시 연결해 준다. 자서전을 쓰기 전과 후는 달라진다.

④ '그냥 묻어 두는 것이 더 나은 것도 있지 않을까?'

말할 준비가 안 되었거나 말하고 싶지 않은 일들도 있을 것이다. 비밀로 하겠다고 누군가와 약속을 했을지도 모른다. 혹은 한때 숨겨야 한다고 여겼던 것이 시대가 바뀌어 이제는 털어놓는 편이 좋겠다고 느낄 수도 있다.

고통스런 일을 회상할 때는 시간이 흐르면서 얻은 지혜를 활용하여 고통을 덜어내고 새로운 시각에서 자신과 사건을 바라볼 수 있다.

얼마나 솔직할 수 있을까? / 말하고 싶은 일과 말해도 되는 일로만 채워진 자서전을 쓸 것인가? / 말하지 않으면 다른 사람들은 알 수 없는 나의 경험은 무엇일까? / 숨기려 한 것은 아니지만 묻지 않아서 말하지 않았던 일은 무엇인가? / 말하지 않은 경험을 털어놓는 것이 잘하는 일일까? 아직 이 사람들이 살아있는데…

선택은 자신에게 달려있으나 자서전 쓰기는 인생을 직시하는 것이다. 자서전 형식을 빌어 부담을 피할 수도 있다(자전적 소설).

▷ 레빈슨의 인생 사계절 발달단계표 활용하기.

저자는 레빈슨의 성인발달 이론을 정리한 표를 만들어 활용하였다. 인생의 전환기와 절정기를 레빈슨의 인생구조 이론에 맞추어 만든 표이다. 막막하고 서술적인 표현이 힘든 사람들이 표를 채우며 간단하게 자신의 인생을 돌아보고 현재를 마주하고 미래를 설계할 수 있도록 도와준다. 표를 채우다 보면 자연스럽게 자서전 쓰기가 되고 자신의 서사가 만들어진다.

| 무슨일이있었나요 | | | | | | | | | | | | | |
|---|---|---|---|---|---|---|---|---|---|---|---|---|---|
| 나이 | 17-22 | 22-28 | 28-33 | 33-40 | 40-45 | 45-50 | 50-55 | 55-60 | 60-65 | 65-70 | 70-75 | 75-80 | 80-85 |
| 시기 | 성인초기 | | | | 성인중기 | | | | 성인후기 | | | 노년 | |
| | 성인초기전환기 | 성인초기입문기 | 30대전환기 | 성인초기절정기 | 성인중기전환기 | 성인중기입문기 | 성인중기절정기 | 성인후기전환기 | 성인후기입문기 | 70세전환기 | 성인후기절정기 | 노년후기전환기 | |

# 4-2. 부부가 함께하는 발효연구소
체험학습-발효연구소를 가다: 만 마리 하늘새의 작가

평생교육 영역 중에 문화예술과 직업교육이 복합된 분야가 많이 있다. 여기 조각 작가가 만들어 가는 발효연구소를 소개한다. 산야초를 가지고 발효초, 식초를 만들기도 하고 덖어서 차를 만들기도 한다. 일부는 천연염색을 하기도 한다. 예술이라고 할까? 음식문화라고 할까? 복합된 공간을 소개한다.

충남 부여군 규암면 충의로에 위치한 농연재(대표: 이강식, 차화연)이다. 부부가 운영하는 이곳에서 체험도 할 수 있고, 보다 전문적으로 배울 수도 있고, 제품을 구입할 수도 있다. 저자가 방문했던 시기에는 경기도 화성시 정남면 보통리에 있었다.

하늘새

연농재의 대표 이강식 선생은 조각가이다. 오랜 작품 활동을 하였으며 대표작은 하늘새이다. 하늘새는 제작하여 팔기도 하였으며 공익적 활동으로 기부도 하였다. 이렇게 제작된 하늘새가 만 마리 이상이 될 듯하다. 하늘새는 소장하는 사람들의 소원을 이루어주는 희망의 새이다. 하늘새의 수익금은 대부분 기부되던 터라 작가에게도 희망이었다. 하늘새는 처음에는 나무판에 나뭇가지를 올려서 제작되다가 돌에 나뭇가지로 만들고, 액자로 만들기도 하고 여러 버전으로 보급되었다. 신천희 작가는 하늘새를 이렇게 표현하였다. "슬픔의 씨앗을 쪼아 먹고 기쁨의 열매를 낳아주며 이승의 이쪽에서 저쪽 끝까지 함께 날아가는 행운의 새"

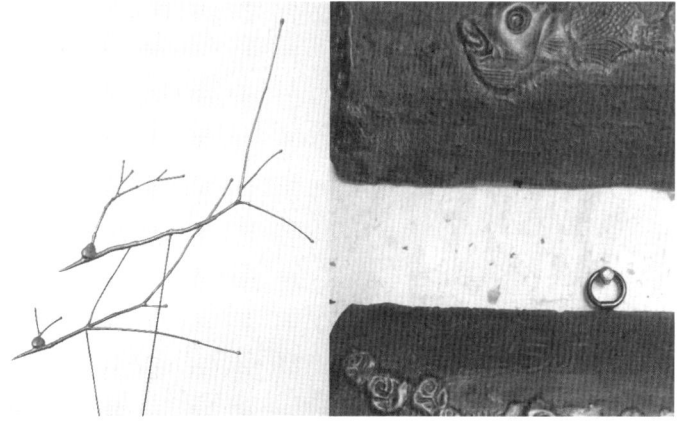

기와물고기

운현궁, 수원화성 등 옛날 고택과 사찰에서 기와 보수를 하면 못

쓰게 된 기와에 물고기를 그려서 보급하기도 하였다. 하늘을 그리워하던 물고기가 지붕을 바라보다 기와에 타고 올랐다는 이야기로 해석하기도 한다. 서양 기독교의 상징인 물고기가 동양 전통양식의 상징인 기와와의 만남으로, 동양스러운 평화의 기원으로 해석할 수도 있다.

발효연구소

오랜 기간 연구해온 발효음식 만들기가 최근에 가장 역점을 두는 평생교육 영역이다. 농연재의 별관에는 온갖 발효청과 식초로 빼곡하다. 이곳에서는 교습을 진행한다. 청 담그기, 발효차 만들기, 식초 만들기 등을 가르친다. 그때그때 제철 야생초와 나물, 식물과 채소를 가지고 직접 발효청, 발효차 등을 만들어 집으로 가져갈 수 있다. 정기적 강의도 있고 그룹으로 배우러 오면 10회 정도의 프로그램으로 운영해주기도 한다. 요사이는 발효소금을 개발하여 건강한 음식문화 보급에도 기여 한다. 벌레도 먹는 발효소금으로 미국 식약청의 FDA 승인을 받았다. 발효연구소의 각종 식초 맛도 보고 더 나아가 식초 만들기 강의도 수강하는 야외 활동은 또 하나의 인생 2막을 열어줄 것이다.

자연의 벗 농연재 : 네이버 블로그 (naver.com)

농연재 발효연구소 : 010-3699-1511

[평생교육사회복지신문. 조광연 편집위원. 2021.12.14.]

# 4-3. 응봉교 아래서 꽃피우는 평생학습
### 원공선생과 함께하는 어르신들의 춤추는 건강 생활모임

8월 4일 오후 세 시경 경의중앙선 응봉역 1번 출구에는 장마철 가는 비가 내리고 있었다. 원형 회전교차로 두 개를 지나 고가도로와 만나는 곳에는 잘 정돈된 운동시설이 있다. 그곳 벤치에서 네 분의 지역주민을 만났다. 서로의 안부를 나누다 세시 반경 일곱 명 정도가 모여 운동을 시작하였다.

고산자로 응봉교 밑에서 회원들이 모여 운동을 하고 있다

아바의 노래에 맞추어 체조를 시작하였다. 오 분 정도 시간이 지나자 택견 같기도 하고 빠른 붓글씨를 쓰는 듯한 손동작 그리고 발동작으로 이어졌다. 동네 마실 나오신 일상복 복장이지만 얼굴은

밝고 진지하고 동작은 서로 잘 맞추고 있었다.

응봉교 밑에서 체조하는 동네 분들

이 모임의 출발은 이렇다. 우연히 동네 주민센터 운동시설에서 네 사람은 만났다. 운동을 하다가 먼저 요가 강사 경험이 있는 사람이 체조요령을 가르쳐주었다. 네 사람은 이왕이면 비슷한 시간에 맞추어 운동을 하였다. 주민센터 운동시설이 코로나로 폐쇄가 되자 동네 공원에서 운동을 하였다. 비 오는 날에는 쉬기도 하다가 비를 피할 수 있는 고가 아래 빈 공간에서 운동을 하였다. 그러다 비바람에도 안전한 이곳까지 오게 되었다. 그리고 같이 운동하는 사람도 네 사람에서 열세 명의 사람이 되었다. 강사경력의 사람은 선생님 역할을 하고 나머지는 회의체를 만들어 나이순에 따라 90세 회원이 회장, 85세 회원이 부회장, 그리고 처음부터 참여한 세 명 중 한 명인 74세 회원이 총무를 하였다고 한다. 물론 초창기부터 함께 운동을 한 두 사람은 여전히 튼튼한 숨은 버팀목으로 화합하는 모임이 되도록 감초 역할을 하고 있다고 한다.

그냥 건강에 도움이 되어서 만나고 있어요.

이 모임을 하는 이유를 물어보니 건강에 좋다고 한다. 당뇨 환자인데 의사 선생님이 엄청 좋아졌다고 비결을 물어볼 때 기분이 좋다고 한다. 운동을 하며 건강과 우정을 나누는 모임이 좋고 시간이 잘 가서 좋다고 한다. 이 모임의 회원들의 경력을 확인해보니 은퇴하신 학교 선생님, 절의 신도회 회장 출신, 성당 레지오 회장 출신으로 경력들도 다양하다. 이 모임은 회비가 없다. 선생님 역할을 하는 분은 본인 운동해야 하는 시간에 사람들이 모이니 같이할 뿐이라고 한다. 모임은 참여하는 분들이 약속을 이렇게 저렇게 정해서 한다. 선생님 역할은 하는 분은 같이 운동하는 분들이 감자도 가져다주고 옥수수도 주고 해서 맛있게 먹는다고 한다. 이렇게 편하게 봉사하는 선생 역할의 회원은 기공체조, 중무에 대한 특허권을 가지고 있다. 수많은 공연 경험도 있고, 본인의 수필집, 시집 여섯 권을 가지고 있는 문인이기도 하며 짧은 시 문학회 회장이기도 하다. 하루 한 번 좋은 일 하는 밑받침 운동본부의 회장이기도 하다.

형식교육, 비형식교육, 무형식학습

한국에는 많은 평생교육 프로그램이 있다. 그 평생교육을 장소와 주체, 조직화 정도에 따라 형식 교육(Formal Education), 비형식 교육(Non-formal Education), 무형식 학습(Informail Learning)으로 나눈다. 형식 교육(Formal Education)은 학교 안에서 이루어지는 방식의 학교 교육으로 졸업장이나 학위취득과 같이 정규과정에 속한다. 비형식교육이란 학교 교육 밖에서 이루어지는 모든 구조화된 학습활동을 말한다. 형식교육과 동일하게 계획적이고 체계적이며 조직화 된 교수과정을 포함하고 있으나, 국가의 학력·학위 인증을 받지 않은 교육이다. 무형식학습은 어떤 기관에 참여하거나 강사·교사로부터 배우지 않고, 학습자가 주도적으로 자발적으로 학습하는 것을 말한다. 활동이나 참여를 통해 무언가를 새롭게 배우거나 알게 되는 학습 경험 전체를 말한다. 한국교육개발원 〈2019 한국 성인의 평생학습실태〉를 보면 우리나라 만 25-64세 성인 중 형식교육 참여율은 1.7%, 비형식교육 참여율은 42.5%이고 중복참여자를 고려한 형식·비형식 교육 참여율은 43.4%이다. 즉 56.6%는 형식·비형식 교육에 참여하지 않고 무형식학습에 참여한다고 한다. 오늘 만난 고산자로 응봉교 아래에서 만난 열세 사람의 율동하는 체조운동모임은 돈도 내지 않고 우연히 만나 특별한 교육 계획이 없는 모임이지만 서로에게서 건강과 삶의 지혜를 배우는 무형식학습의 한 단면을 보여준다. 어쩌면 통계에 없는 65세 이상의 성인은 이러한 무형식의 학습 비중이 더 높을 것이다. 평생학습이 무형식의 학습에도 자원을 더 투자해야 하는 이유를 다시 한번 보게 되었다.

[평생교육사회복지신문. 조광연 편집위원. 2020.08.06.]

## 4-4. 전업주부에서 전문화가로 평생학습
### 문화센터 수강생에서 개인전을 여는 화가로

4월 26일 수원시 권선구 카페 나루에서 '박정연 개인전'을 하고 있는 화가를 만났다.

박정연 화가는 14년 전 문화센터에서 처음 그림을 배우기 시작하여 이번에 처음 개인전을 열게 되었다고 한다. 처음 그림을 배우게 된 동기는 남편의 권유라고 한다. 박 화가는 자녀들이 성장하면서 전업주부 생활에 변화가 왔다고 한다. 시간의 여유도 생긴 반면 약간의 우울증도 발생하였다고 한다. 그때 남편이 "당신은 손재주가 있으니 그림을 그려보지요!"라는 말에 처음 그림을 배우게 되었다고 한다.

박정연 화가의 작품

취미로 출발하여 2019 경기노동문화예술제 은상. 2020 화성시 미술서예대전 우수상을 수상하는 등 전문성을 인정받아가고 있다고 한다. 지역에서 화가로서의 노력이 인정을 받은 결과로 개인전 의뢰를 받았다고 한다. 까페 나루의 개인전 초대의 의미에도 동의하여 이곳에서 하였다고 한다.

박정연 화가의 전시회 팸플릿

까페 나루는 그림으로 고객에게 예술을 선사하고 작가에게는 전시공간과 수입을 제공하고 그림 판매금의 일정 비율은 두 곳의 단체에 기부되어 좋은 일에 사용된다.

박 화가는 중년에 시작한 새로운 평생학습이 개인적으로는 삶의 활력소가 되었고 지역사회 문제에도 관심을 갖게 되는 계기가 되었다고 한다. 소망은 지역의 소외계층과 작은 재능을 나누는 것이라고 한다.

[평생교육사회복지신문. 조광연 편집위원. 2021.04.27.]

# 4-5. 10월 내 고장 예술이 피어난다
## 제27회 광진 예술인 초대전

 2022년 10월에는 예술의 꽃이 피어난다. 전국 곳곳에서 내 고장 축제가 열리고 있다. 그동안 코로나로 연기되었던 각종 행사들이 봇물 터지듯 열리고 있다. 시민들도 두 번이나 주어진 10월 연휴를 예술과 함께 보내고 있다. 고장의 가까운 곳에서 문화행사를 즐겨보기로 한다.

제22회 광진예술제 포스터와 전시회장

 서울 광진구 나루아트센터 전시실에서는 9월 30(금)일부터 10월 13(목)일까지 〈제27회 광진 예술인 초대전 (문학/ 미술/ 사진)〉

을 한다. 40인의 도자기에 새긴 시 전시와 68인의 서예를 포함한 미술전시 그리고 36편의 사진 전시가 진행되고 있다. 지역 풀뿌리 예술인들의 성과를 공유하는 장이다. 전국적으로 유명한 지역 작가의 작품에서 평생교육인으로서 이제 예술 전문인으로 처음 전시회에 참여하는 지역 작가의 작품도 전시되었다.

제27회 광진예술인 초대전

나루아트센터 내 초대전 전시회장

27회라는 역사만큼이나 지역의 관심도 뜨겁다. 이 행사는 광진구(김경호 구청장)가 주최하고 광진예술문화단체총연합회(회장 장은수)가 주관하였다. 그리고 광진문화재단과 광진문화원이 후원하였다. 10월 12일은 2시 아트마켓과 4시에 문협 출판기념회도 있을 예정이다.

[평생교육사회복지 신문. 조광연 편집위원. 2022. 10. 23]

# 4-6. 관광테마마을 선정: 관인문화마을
포천시 관인 문화마을을 둘러 보다.

1960년대의 과거와 2020년대의 현재가 공존하여 미래를 창조하는 마을이 있다. 경기도 포천시 관인면 마을이다. 2019년부터 2021년의 3년여 간의 문화마을 사업과 2022년 경기도 관광테마골목 사업을 통해 관인 마을일대에 스무 곳 이상의 아트간판을 조성하여 2022년 10월 8일부터 전시하고 있다. 이곳은 서울 북촌마을, 서촌마을처럼 사람들의 발걸음을 끌어당기는 매력이 있는 마을이다.

관인문화마을

마을은 한국전쟁후의 실향민들이 고향으로 돌아가기를 희망하며 정착하였다. 1960년대, 1970년대 시장골목을 중심으로 상권이

형성되었던 마을이다. 1970년대의 옛 간판과 2020년대의 현대 아트간판이 만나 관인 마을 전체를 또 살아 움직이는 마을로 만들어가고 있다.

아트간판 뮤지엄

누구든 이 거리를 지나가면 발걸음을 멈출 수밖에 없다. 〈서울서점〉 간판 앞에서면 저곳은 무슨 서점일까 의문을 자아낸다. 〈기흥회관〉 앞에 서서 저곳에서 왁자지껄 잔치를 하는 모임을 상상한다. 〈택시부〉는 이곳이 한 때 잘 나가던 마을 중심지임을 설명한다. 마이카시대에 마을 택시는 영업을 종료하였다고 한다. 그러나 고령사회가 되면서 다시 택시의 수요가 있다고 한다. 〈중앙이발관〉은 현재도 영업을 하고 있다. 만원으로 50년 경력의 이발 면도체험을 할 수 있다.

관인 에코뮤지엄이 버스터미널?

뮤지엄은 관인의 문화·생태 자원의 가치와 특색을 발굴하고자 2021년 조성되어 전시공간으로 활용하고 있다. 현대식의

'GEM(gwanin eco museum)'과 옛날 간판식의 '버스터미널'이 공존한다. 현재 뮤지엄의 한 편에서는 〈노을빛 인생열차〉전이 전시되고 있다. 이 문화마을의 최정자 시인의 소박한 인생이야기가 전시되고 있다.

　관인문화마을을 만드는 사람들

한 지역의 마을을 새롭게 살리는 사업은 지역의 주민들이 합심해야 가능한 것이다. 이 관인문화마을 만드는 일도 공동체&문화재생연구소, 주민자치위원회 그리고 지역주민 모두의 노력으로 이뤄낸 성과이다.

이외에도 다 설명하지 못한 것이 많다. 5도민 음식체험도 있고, 옛날 자전거 한바퀴 체험(오복상회)등도 있다. 주소는 경기도 포천시 관인면 관인로 18이다.

　　　　　[평생교육사회복지신문. 조광연 편집위원. 2022. 12. 26.]

# 4-7. 장애인레져스포츠협회
### 장애인의 여가문화 정착을 위한 자연 친화 교육

2021년 8월 20일 오후 7시 신촌에서 '한국장애인 레저·스포츠협회'(이사장 김송석)가 창립되었다. 이 창립총회는 35명이 온라인으로 참석하여 진행하였다.

1988년 서울 장애인올림픽(패럴림픽) 장애인 전용지도 출판

이 협회는 40여 년 활동해온 '장애인 복지협상회'의 소중한 경험을 살려 삶의 기본권인 문화권을 확립하기 위해 노력할 것을 다짐하였다. 창립총회에서는 정관, 사업계획을 승인하고 임원 선임을

완료하였다. 이사장으로 김송석 박사가 선임되었다. 김송석 신임 이사장은 "일과 여가와 주거가 어우러지는 장애인 평생 복지 공동체를 구현하여, 장애인 평생 복지증진을 위한 사회통합의 새 지평을 열고자 한다."고 포부를 밝혔다.

▷ 대학생자원봉사단에서 장애인 복지형상회로

협회 발기문에서 '장애인복지형상회'(이하 장형회)와 관련된 40년 역사를 '오로지 장애인은 대상이 아니고 존재라는 인간의 평등함을 실천하려는 젊은 열정들의 거침없는 실천 행보의 연속이자 속도전이었습니다.'라고 회고하고 있다.

장형회와 관련된 40년 역사를 간단히 소개한다. 1981년 처음 시작은 단국대학교 특수교육과 학생과 병원 자원봉사자 그리고 삼육재활학교 학생들이 참여하는 보이스카웃 캠프행사, 수학여행에서 활동은 시작되었다. 1982년 '대학생 자원봉사단'을 결성하고 87년 삼육재활학교 교사인 김송석 교사를 중심으로 120여 명의 회원이 모여 '전국 장애자 자원봉사자연합회'를 결성한다. 봉사자연합회는 1990년 '장애인복지형상회'(장형회)로 발전한다. 초대 김송석 회장을 이어서 2021년 현재 31대 강현석 회장으로 이어지고 있다.

▷ 장애인복지형상회의 주요활동

40여 년의 활동 중에서 몇 개만 소개한다.

장애인들의 자신감 회복을 위한 극복훈련, 등산과 극한체험, 도시 생활 적응 훈련 등을 하였다. 운악산, 도봉산, 관악산, 한라산,

북한산, 설악산, 수락산, 덕유산, 지리산, 소백산, 선운산 등을 등산하였다. 그중에 새해맞이 등반캠프는 매년 북한산 백운대를 주로 등산하였고 2020년에는 25회째로 강화 동검도를 등반하였다. 적설기 등반캠프는 2014년 제29회째로 경북 경주시 남산을 등반하였다. 이어 2014년부터 경기도 남양주 3% 장애인 영농사업단에서 '삼시세끼 캠프'를 통해 자립 생활을 도와주는 프로그램을 2018년까지 3개월에 한 번 정도로 시행하였다. 장애인 동계 종합야영대회는 2020년 제36회 대회를 강원도 태백에서 실시하였다.

▷ TV에 소개된 초기활동

88년 4월. 29명의 북한산 인수봉 암벽 등반은 "저기 인수봉이 보인다"로 한국방송공사에서 제작 방송하였다. 88년 서울 장애자올림픽 개·폐회식 자원봉사 활동으로 연 3600명이 활동하였다. 이 시기 '전국 장애자 자원봉사자연합회' 후원회(회장:윤만식)의 도움으로 장애자 전용지도를 출판(지체용 2만 부, 시각용 1천 부)하였다. 이 또한 "이제는 혼자 가는가."의 제목으로 한국 방송공사에서 제작 방송되었다.

▷ 재활학교 교사 김송석

'한국장애인 레저·스포츠협회'초대 이사장으로 선출된 김송석 박사는 이 활동의 산증인이다. 단국대학교 특수교육과 학생으로 대학생 자원봉사단을 설립, 활동을 주도하였다. 이어 삼육재활학교 교사 시절에는 '전국 장애자자원봉사자 연합회'를 설립, 활동을 주도하였다. 1990년에는 '장애인복지형상회'(장형회)를 설립, 초대 회장을 역임하였다. 이 경험과 조직된 역량을 바탕으로 오늘 '한국장애인 레저·스포츠협회'를 설립, 활동을 주도하고 있다.

김송석 신임이사장은 1982년부터 2001년까지 교사의 길을 갔다. 지체장애 특수학교인 삼육재활학교와 인천 은광학교에서 평교사 및 교감으로 근무하며 국내 최초로 특수교육 대상학생들을 학교 안에서 일반사회 속으로 이끌어 내는데 선구적 역할을 하였다. 이를 위해 장애인 본인의 장애인정과 자신감 고취를 위한 자연 친화적 여가활동프로그램 창안 및 실천을 통해 장애인의 사회적응 및 장애인식 개선에 남다른 역할을 수행하였다.

▷ 장애인 자활 지원가 김송석

2001년부터 현재까지 교수의 길을 가고 있다. '모든 사람은 평등하다'라는 철학 실천을 위한 기반구축의 일환으로 실생활중심의 특수교사양성에 주목하여 단국대학교, 경기대학교, 강남대학교, 용인대학교, 나사렛대학교 등의 연구원 및 강사, 겸임교수, 초빙교수로 강의를 하며 특수예비교사를 자원봉사자로 활용하여 이론과 실제를 겸한 교수 활동을 실시하고 있다.

2004년부터 현재까지 장애인 자활 지원가로의 길을 가고 있다. 장애인 여가문화 활동가와 교육자로서의 활동만으로는 장애인의 자활이 어렵다는 판단하에 이를 해결할 방법의 하나로 '장애인과 일반인 공동체'를 디자인하면서 일차적으로 장애인과 가장 가까운 가족과 함께하는 공동체 건설을 목표로 하던 중, 사회복지법인 한국재활재단으로부터 서울시 장애인 영농사업단 시설장으로 운영을 하였었다.

▷ **장애인 평생복지 공동체 구현의 길**

김 이사장은 장애인 평생 복지 공동체 구현의 길로 가고자 한다. 장애인 고용의 최선책이라 인식되어왔던 보호 고용을 하고 있는 대부분의 직업재활시설은 공통적으로 낮은 생산성, 부족한 경영 마인드, 열악한 기술현황, 저임금, 단순 임가공형태 등의 열악한 환경에 놓여있고 김 이사장은 이를 안타까워했다. 이에 시혜와 보호 중심의 기존 장애인복지시설의 문제점을 보완하고, 다차원적 영농활동을 전개하며, 장애인 평생복지공동체(일터 + 여가 터 + 주거 터 = 삶터)의 기반구축모델을 구현하여, 장애인 평생복지 증진을 위한 사회통합의 새 지평을 열고자 하는 포부를 가지고 일을 하고 있다고 하였다.

[평생교육사회복지신문. 조광연 편집위원. 2021.08.22.]

## 4-8. 발달장애인의 그림으로 이루는 행복
도화지는 그의 놀이터이자 쉼터이다.

어려서부터 동물 그림만 그린 발달장애 2급 김도훈군은 오늘도 도화지와 컴퓨터 그림판을 친구삼아 그림 삼매경에 빠져있다.

현재 오산 성심학교 실무사로 근무 중인 김도훈 (29세)군은, 오산성심학교 고등과정과 전공과정을 거치며 모교에 취업이 되었다. 장애인이어도 다른 장애아동들을 도우며 어엿한 직업인으로 근무하는 성실하고 순수한 청년이다.

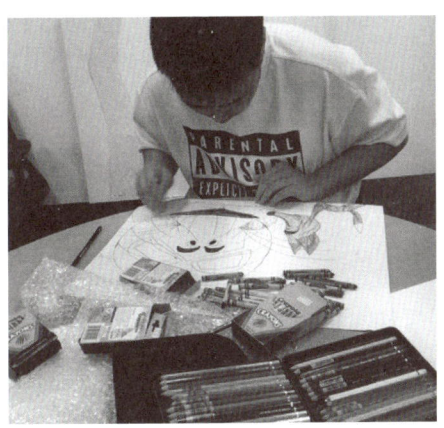

하루도 빠짐없는 그림 작업.

어려서부터 (4살 정도) 혼자 그림을 그리기 시작했는데 오로지 동물만 그렸다고 한다. 그는 전문장비 없이, 도화지 위에는 색연필로 컴퓨터에는 마우스만으로 빠른 시간 안에 척척 그려낸다. 본인만의 세계를 글이나 말로 표현할 지적능력이 부족한 그는 그림을 통해 표현하고 세상과 소통하고 있다. 단순하게 따라 그리는 스킬 위주의 작업이 아니고, 본인의 세계가 명확하게 드러나는 개성 있는 작품이다. 이 작품성은 전문가들도 주목하고 있는 부분이다. 보건복지부에서 주최한 장애인 미술전에서 대상으로 장관 표창까지 받은 이력도 가지고 있다.

김도훈군의 작품이 전시되었던 인사동갤러리

정식으로 등단한 화가는 아니지만, 인사동과 수원 등의 갤러리에서 몇 번에 걸쳐 전시회를 가졌으며 작품 하나하나에 진심을 담아 완성하려고 노력하는, 그는 화가다. 지적 장애여서 아무것도 못할거라는 편견에 멋지게 대응할 수 있는 김도훈군을 응원한다. 앞으로도 김도훈군이 놀이터와 쉼터가 무너지지 않고 끊임없이 성장해 나가길 바란다.

[평생교육사회복지신문. 우은주 인턴기자. 2021.02.28]

찬찬하고 아름다운
평생교육 이야기

5. 인문교양교육

## 5. 인문교양교육

　보편적 학습사회 실현을 주장하는 대한민국의 평생학습 분류체계는 평생교육 6진체제이다. 대한민국의 평생교육 6진 체제는 모든 국민이 경험하는 전 생애 동안의 학습궤적(lifelong learning trajectory) 6개의 경로를 상징한다. 그 경로는 기초문해교육으로 시작하여 학력보완교육, 직업능력교육, 문화예술교육, 인문교양교육, 시민참여교육으로 이어지는 평생교육의 의미와 가치가 반영되어 있다. 이는 김진화(동의대 교수)에 의해 개발되어 국가평생교육진흥원에서 사용하는 대한민국 평생교육 분류체계이다.

　평생교육 육진법 분류 중에서 다섯째는 모든 국민이 전 생애 동안 다양한 교양을 쌓고 소양을 개발하며 아름다운 자화상을 만들어 가도록 지원하는 인문교양교육이다. 이것은 인격과 품위를 유지하면서 자신만의 보라빛 인생을 꿈꾸도록 하는 평생교육체제를 말한다. 인문교양교육은 특정 직업에 필요한 전문지식 및 기술 획득을 위한 학습보다는 교양을 갖춘 현대인으로서 전인적인 성품과 다양한 소양을 개발하고, 신체적·정신적 건강을 겸비할 수 있도록 지원하는 평생교육이다. 간단히 교양확장 및 소양개발 과정이다.

인문교양교육은 세 가지로 분류하고 그 분류에 해당하는 프로그램은 다음과 같다. 첫째는 건강심성 프로그램이다. 이 과정은 현대사회에서 건강한 삶과 생활을 위한 심리적인 안정을 촉진하고 신체 건강에 필요한 활동과 체험을 체계적으로 지원하고 인증하는 프로그램이다. 예를 들면, 상담치료, 종교교육, 식생활교육, 생활의료교육, 보건교윤 등이다.

둘째는 기능적 소양 프로그램이다. 이 과정은 일상생활의 적절한 역할수행과 현대인이 갖추어야 할 다양한 소양과 관련된 기능적 자질과 능력을 개발하고 실천하도록 지원하고 인증하는 프로그램이다. 예를 들면, 역할수행, 예절교육, 정보인터넷 활용, 생활외국어, 가정생활 등이다.

셋째는 인문학적 교양 프로그램이다. 이 과정은 전인적 품성과 지혜를 갖춘 현대인으로서 인문학적 교양과 상식을 확장하고, 문학·역사·철학과 관련된 체험과 활동을 체계적으로 지원하고 인증하는 프로그램이다. 예를 들면, 일반문학강좌, 과학일반강좌, 역사· 전통 강좌, 철학·전통 강좌, 독서 강좌 등이다.

## 5-1. 토박이 할아버지의 문화해설
### 문화해설사로 봉사하는 마을 토박이 할아버지

강원도 동해안 7번 국도 교암항 근처 고성 8경 중 2경인 천학정(天鶴亭)을 구경하였다. 천학정 앞의 계단을 오르는데 계단 위에서 동네 주민이 관광객에게 말을 걸며 안내를 하였다. 이 분이 마을의 천학정 관리인인 자원봉사 해설사 김(69)선생이다. 천학정을 5번 이상 와 보아도 보지 못했던 것들을 선생님이 설명해 주었다. 천학정이 새롭게 보인다.

소박한 김선생은 천학정 정자에서 쉬는 관광객에게 '안내해드릴까요?'라고 말을 건다. 김선생은 기도하는 손과 그 뒤의 보살님이 보이는지 물었다. 고래바위도 보이고 교암마을 쪽을 바라보면 나를 보고 있는 두꺼비를 만날 수도 있다. 그다음은 풍경을 찬찬히

보며 마음대로 찾아보라고 한다. 지금까지 무심하게 보았던 풍경 속에 또 다른 풍경이 자리 잡고 있다. 분명 여러분은 편안한 마음으로 더 많은 모습을 볼 수 있을 것이다.

천학정의 새로운 풍광을 설명해 준 김선생은 돌아가려는 관광객들에게 900년 된 소나무 앞에서 사진을 찍을 것을 권했다. 조금만 올라가면 1300년 된 소나무가 있는데 한번 구경하고 가라고 했다. 김선생이 알려 준 커다란 소나무의 뿌리는 바위 밑으로 깊게 자리를 잡고 있었다. 비록 1300년의 수령은 아니지만, 멋진 가지들이 하늘에 높게 날리고 있었.

천학정은 고성 8경 중 2경이다. 군청 홈페이지(https://www.gwgs.go.kr/kor/index.do)에는 '천혜의 기암괴석과 깎아지른 듯한 해안 절벽 위에 건립되어 경치가 아름다운 곳이며 남쪽으로 청간정과 백도를 마주 바라보고 북으로는 능파대가 가까이 있어 한층 아름다움을 더해주고 있는데 상하천광(上下天光) 거울 속에 정자가 있다하여 천학정이라고 부르게 되었다고 한다.'라고 소개하고 있다.

주소 : 강원도 고성군 토성면 천학정길 10(교암리).

고성군청 관광지원팀 고성 관광 안내 및 홍보 주무관 : 033-680-3369

[평생교육사회복지신문. 조광연 편집위원. 2021.04.19.]

# 5-2. 너를 위한 작은 별 B-612
## 지친 청소년을 위한 이동 휴식 공간

'너를 위한 작은 별 B-612'가 다시 청소년 속으로 찾아간다.

'너를 위한 작은 별 B-612'는 서울시립 청소년 이동쉼터가 운영하는 이동쉼터 버스이다. 'B-612'는 어린 왕자가 살던 행성으로 서울에 나타났다. 'B-612'는 45인승 작은 별과 25인승 더 작은 별로 구성되어 있으며 요일별로 청소년들이 모이는 공간으로 찾아가서 휴식을 제공하는 공간이다. 코로나19로 8월15일부터 9월 20일까지 휴관을 하였다. 이제 9월 21일부터 찾아가는 서비스를 다시 시작한다.

청소년 이동 쉼터. 45인승 버스 '너를 위한 작은 별 B-612'

서울시립 청소년 이동 쉼터 동남·동북권은 서울 한강 이남 지역을 찾아가는 청소년 이동쉼터 버스이다. 가정 밖 청소년 조기발견,

가출 예방 캠페인, 상담·음식·건강지원 및 긴급보호 등으로 거리에 있는 청소년들이 안전하고 건강하게 성장할 수 있도록 지원한다.

화요일부터 토요일까지 청소년 밀집 이용지역에 찾아가 휴식, 상담, 게임, 독서 등을 제공한다. '너를 위한 작은 별 B-612'의 위치는 홈페이지를 참고하기 바란다. 또한 비공개 상담을 급하게 받고자 하면 전화, 카톡으로 언제나 연결하여 도움을 받을 수 있다.

코로나 19의 심각 단계가 낮아지기를 기대해 본다.

핸드폰 번호: [동남권] 010-5795-1318.
　　　　　　[동북권] 010-8079-1318.

카카오톡 주소: [동남권] b6121318. [동북권] b6121318e.

홈페이지: b612.or.kr

[평생교육사회복지신문. 조광연 편집위원. 2020.09.17.]

# 5-3. 한국신(信)연구소
영성, 인문, 참여의 통합교육 한국信연구소: 영성(종교)교육, 인문교양교육, 시민참여교육으로서의 평생교육

2020년 7월 13일(월) 오후 4시 한국기독교회관 조에홀에서 이은선 명예교수(세종대학교)의 '한국信연구소'(institute of Korean Feminist Integral Studies For Faith) 개소식이 열렸다. 대학교수직 퇴직이후에도 꺼지지 않는 연구와 강의, 사회문제에 대한 실천적 대안을 마련하고자 노력하는 이은선 교수의 결실이며 새로운 시작이라고 할 수 있다.

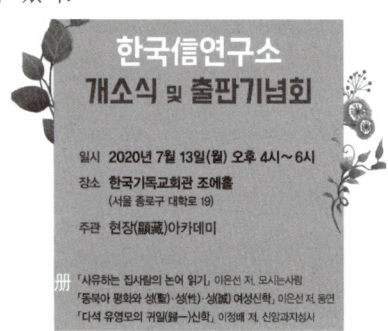

한국信연구소 개소식을 알리는 팜플렛

이날 개소식에는 전 여성신학회 최만자 회장과 현 한국YMCA 전국연맹 김흥수 이사장의 축사가 있었다. 그리고 이은선 교수의 신간 〈사유하는 집사람의 논어 읽기〉, 〈동북아 평화와 聖·性·誠의 여성 신학〉에 대한 이선경 교수(한국전통문화대학)와 김정

숙 교수(감리교신학대학교)의 서평도 이어졌다.

  축사 그리고 서평을 담당한 교수들은 한목소리로 이은선 교수의 그간의 어려운 주제의 연구와 실천에 대하여 감사의 마음을 전했다. 이은선 교수는 한국의 기독교와 유교 그리고 페미니즘을 현대 한국사회의 현실에 접목시켜 해석하고 실천하였다고 한다.

  이은선교수의 聖·性·誠의 통합적인 전환학습으로 탄생하다.

  이은선 교수는 '거룩함(聖)의 평범성'을 연구한다. 신앙 중심의 피정 등 종교기관의 평생교육 프로그램과도 목표에서는 유사하다. 이러한 연구와 실천을 평생학습의 측면에서 바라보면 이는 평생교육의 6대 범주 중 다섯 번째인 인문교양교육 그리고 여섯 번째인 시민참여교육을 강조하는 실천이라고 할 수 있다. 이은선 교수의 聖·性·誠의 통합적(Integral)인 전환(Transformative)학습은 하늘(聖,天), 땅(性, 地), 사람(誠, 人)의 의사소통이라고 할 수 있다. 거룩함(聖)의 보편성으로서의 인간 선한 본성을 살아나게 하고 자연 모두의 성격(性)들이 피어나게 하며 특히 사회 여성(性)이 제격(格)으로 자리할 수 있기를 바란다. 그리고 이러한 이상(聖)이 현실의 사회에서 실현되기 위해서는 사람들의 지극한 실천(誠)을 강조하는 영성(종교)교육, 인문교양교육, 시민참여교육의 통합적인 프로그램을 늘 강조하며 수요집담회, 사유하는 집사람회, 보인회를 이끌고 있다.

    [평생교육사회복지신문. 조광연 편집위원. 2020.07.27.]

# 5-4. 한영성코칭연구소
## 사회복지에 영성(靈性)을 통한 통합적 접근 필요하다:

사회복지에 영성(靈性)을 통한 통합적 접근 필요하다: 도영인, 박영재, 송순현, 이영환 네 명의 저자가 말하는 일상에서 깨달아가는 삶의 진리에 대한 이야기들

『일상의 빅퀘스천』(왼쪽). 영성과 보건복지학회 학술대회 포스터(오른쪽)

2020년 12월 29일 오후 2시 사회복지와 영성의 통합적 접근을 추구하는 회복지전문가와 대담을 하다.

경기도 남양주시 별내 카페거리에서 도영인(구, 도승자) '전(前) 영성과 사회복지학회 회장'을 만났다. 도교수는 미국 대학과 한국 우송대 사회복지아동학부 교수(사회복지학전공)를 은퇴하고 지금

은 한영성코칭연구소장(통합영성코칭)으로 활동하고 있다. 도소장은 한영성코칭연구소를 통해 개인의식 향상과 진보적 사회변혁을 지향하는 통합영성(integral spirituality) 계발프로그램들을 소개하고 있다. 그는 사회복지가 영성과 연결되는 부분은 많다고 한다. 사람의 연결 측면에서는 사회복지사는 기성 종교인 그리고 특정 종교는 아니지만 사회통합을 지향하는 세계관을 가지고 영성의 사회변혁적인 힘을 실천하는 일반인들도 많다고 한다. 이념의 연결 측면에서는 사회복지는 인간 존엄성, 자유, 평등, 정의 등의 가치를 사회적으로 실현하며 클라이언트의 삶의 질 향상을 목표로 하다 보니 사람에 대한 몸적 건강, 정신적 평안 그리고 영성적 충만이라는 통합적 접근은 필수라고 한다. 그래서 '삶의 영성적 충만'이 추상적이고 특수한 재능에 의해 가능한 것이 아닌 실제적이고 접근 가능한 쉬운 형태로 임상되는 현실이 되기를 바라고 있다.

자아실현욕구를 현실로 만들어가는 '자기실험'의 단계

도 소장는 영성(靈性)은 '이 순간 여기에 내 몸과 마음과 영혼을 평안하게 유지시키며 감사한 느낌을 내 안에 느끼도록 작동하는 우주적인 사랑에너지'라고 말한다. 본인 삶의 이야기를 통하여 소녀 시절의 자신을 재구성하며 현재 삶 속의 일상에서 느껴지는 사랑의 에너지를 말하며 감사하는 마음으로 살고 있다고 한다. 여러 종교지도자, 영성지도자들이 서로 다른 표현을 쓰기는 하지만 정의는 이렇게 하자고 한다. 그리고 어떻게 경험하느냐 하면 아침 햇

살에 밥을 먹으며 느끼는 평화로움, 각종 경전이나 주문서를 읽고 외우며 느끼는 겸손함, 사회의 아름다운 이야기를 들으며 느끼는 기쁨 등 일상에서 따뜻한 에너지를 느낀다고 한다. 그리고 그 우주에 가득한 사랑에너지를 받고 있는 존재를 느끼는 것을 영성을 감지한다고 한다. 그렇게 출발하면 된다고 한다. 너무 어려운 방법, 그 방법이 맞았나 틀렸나 하지 말고 그렇게 사랑에너지를 느껴 가면 된다고 한다. 그리고 지도자는 수련자의 그러한 개성을 존중하는 것이 좋지 너무 엄격하게 하나의 틀을 강조하는 것은 좋지 않다고 한다. 더욱더 중요한 사회복지사의 자세는 나에게 사랑에너지가 있듯이 사회복지와 평생교육 현장에서 만나는 클라이언트에의 어려움 속에서도 사랑의 에너지를 발견하는 훈련을 하면 도움이 될 것이라고 한다.

영적 현존감을 실증적으로 표현하는 '영성지능지수'

미국 교수 생활에서 영향을 받은 다소 서구적인 개념인 영성을 실증적으로 계량화한 것인 '영성지능지수'를 사용하여 말한다. 그러나 그 표현은 지극히 동양적이라 할 수 있다. 영성지능지수가 높다는 것은 지혜로운 지성과 자비로운 감성이라는 두 가지 미덕을 발달시킨 것이고 이를 통해 몸, 정신, 영혼이 조화를 이룬 정도를 말한다고 한다. 결국 영성지능지수가 절대적인 수치는 아닐지라도 몸, 정신, 영혼의 자기개발과 영적 현존감을 증진시키는 삶의 목적을 이루어 가는데 한 가지 도움은 준다고 한다. 도 소장은 '영성지능지수'는 '지속가능한 사회복지로의 통합영성적 접근' 목표를 이루는 작은 방법 중 하나라고 한다. '지속가능한 사회복지로의 통합영성적 접근'은 개개인의 영성적 현존감을 고양하는 것과 이를 통해 전체 사회가 확장된 복지를 누리는 것이라고 한다.

2020년 14회 영성과 보건복지학회 학술대회 안내

12월 30일 오후 3시 30분부터 오후 6시까지 '영성과 보건복지학회'(회장 용진선 카톨릭대학교 간호대학 명예교수)는 '영성에 기반한 위기사회 극복을 위한 돌봄'이라는 대주제로 14회 학술대회를 온라인(zoom)으로 진행한다. '인간과 예수의 돌봄'(유성현 인천 카톨릭대학교 교수), '영성에 기반한 정신건강을 위한 돌봄'(안혜란 인천가톨릭대학교 교수) 등을 발표한다.

[평생교육사회복지신문. 조광연 편집위원. 2020.12.30.]

# 5-5. 성직자의 영성평생교육의 대중화 실천
## 정영식 신부의 쉽게 풀어가는 인생통합이야기

평생교육은 '언제 어디서나 모든 것을 배워야 한다.'는 목표 아래 어느 부분도 소홀히 하지 않는 촘촘한 평생교육을 지향한다. 더 촘촘해져야 하는 영역으로 민주시민교육, 장애인평생교육, 노인평생교육, 영성평생교육을 열거한다. 영성평생교육은 종교교육을 포함한 넓은 의미의 인간 마음의 성장을 목표로 하는 교육이다. 영성평생교육은 현대에 와서는 종교기관만이 아닌 다양한 시민과 단체들 속에서 연구 실천되고 있다. 이런 관점에서 대중적인 영성평생교육을 실천하는 정영식 신부를 소개한다.

현대인에게 위안과 지혜의 돌파구 역할

최근 새로운 영성 수련 방법론인 '형성적 영성' 강의로 주목받고 있는 정영식 신부는 미국에서 영성 신학을 전공한 이후 줄곧 영적 독서 보급과 현대 영성 수련법 확산을 위해 노력하고 있다. 정영식 신부는 인간에 대한 육신-정신 중심의 2중 구조에서 오는 혼란 상태를 극복하기 위한 육신-정신-영(마음)의 3중 구조의 통합적인 형성전통을 계승해 가는데 큰 관심을 가져야 한다고 한다. 정영식 신부는 대한민국의 시민들 속에 3중구조의 통합적인 '형성과학', '형성적 영성'의 씨앗을 심고 싶어 한다. 바쁜 생활인들이 일상생활에서 쉽게 접할 수 있는 나의 방에서, 가정에서, 일터에서, 우리 동네에서 간단하고 쉽게 육신-정신-영의 인간 3중 구조를 어떻게 통일해 나가는지를 예를 들어 설명하고자 한다.

불교에서의 대중적인 법문공부가 지친 현대인에게 여유와 삶의 목표 전환을 이루듯 천주교에서의 대중적인 영성평생교육이 과로하고 걱정을 많이 하는 현대인에게 삶의 위안과 지혜의 돌파구가 되기를 바란다. 불교에서의 대중적인 법문공부가 지친 현대인에게 여유와 삶의 목표 전환을 이루듯 천주교에서의 대중적인 영성평생교육이 과로하고 걱정을 많이 하는 현대인에게 삶의 위안과 지혜의 돌파구가 되기를 바란다. 네이버 카페에서 정영식 신부의 수필 같은 시와 약력과 저서와 인생통합 이야기를 소개하고 있다.

▷ 정영식 신부 약력

- 1985년 사제로 서품,
- 1988년부터 1990년까지 수원 가톨릭대학교에서 영성지도

신부 역임,

- 1991년부터 1993년까지 미국 듀케인대학교에서 영성 신학을 전공.
- 1994년부터 2002년까지 수원 가톨릭대학교에서 심리학 영성 신학 교수로 재직.
- 이후 안양 중앙성당, 영통성령본당, 군자본당 주임신부를 거쳐, 분당 성루카 본당 주임신부로 사목하였다.
- 네이버 카페. https://cafe.naver.com/formationscience

[평생교육사회복지신문. 조광연 편집위원. 2021.12.04.]

# 5-6. 공동체교육: 노인과 함께 된장 만들기
양평 동부청소년문화의집: 전통 된장 만들기

양평동부청소년문화의집(관장 박혜정)은 지난 20일(토), 지평면 월산길에 위치한 지평농협 전통장류센터에서 청소년과 가족 70여 명과 함께 청소년 지역나눔 프로젝트 "세대가 전해준 전통 먹거리 장" 프로그램을 성공적으로 진행했다.

청소년 지역나눔 프로젝트 "세대가 전해준 전통 먹거리 장" 프로그램

이번 청소년 지역나눔 프로젝트는 공개 모집으로 청소년을 포함한 21개 가족이 참석한 가운데, 전진선 양평군수의 인사말과 이종수 지평농협 조합장의 축사를 시작으로 시작되었다. 이후 지역사회의 지속가능함을 위한 '공동체의식'과 '먹거리 생산의 가치'에 관한 강의가 이어졌고, 가족별로 전통장 된장만들기 체험과, 떡메

치기 등의 전통놀이, 그리고 포토존 등의 부대 프로그램으로 토요일 오전 가족들이 함께하는 즐겁고 뜻깊은 시간이 펼쳐졌다.

양평동부청소년문화의집 "세대를 넘나드는 지속가능 먹거리 장(場)"

이날 전진선 양평군수는 "청소년들에게는 성장 과정에서의 많은 경험이 필요하다"고 강조하며, "양평에서만이 가능한 양평다운 교육을 위해서 이렇게 휴일에도 자녀들과 함께 시간을 함께해주시는 부모님들께 감사함을 전하고, 이러한 교육 활동의 장을 위해 노력해주신 관계자분들에게 감사하다"고 전했다.

양평동부청소년문화의집 박혜정 관장은 "지역 내 협업체계를 만들어주신 모든 분들에게 감사드리며, 늘 한결같은 관심과 신뢰를 가지고 참여해주시는 청소년과 가족들에게 감사드린다"고 전했다.

세대가 전해준 전통 먹거리 '장(醬)만들기'를 통한 지역나눔 청소년 프로젝트

양평동부청소년문화의집 지역연계 청소년 사업으로 진행되는 본 프로젝트는 양평군 지역사회보장협의체 주민참여 사회복지 예산으로 지원 운영되며, 지역복지 공동체 활동을 통해 양평형 포용복지를 실현하는 동시에, 청소년들이 양평 주민의 일원으로서 지역의 지속가능한 보장을 실현하는 주체로서 역할을 해나갈 수 있는 기회를 제공할 것이다.

본 프로젝트는 5월부터 9월까지 총 4회에 걸쳐 진행될 계획이며, 참가 대상은 양평군 청소년과 그 가족을 비롯한 지역주민, 그리고 유관기관이며, '공동체의식과 먹거리안보' 등의 교육과 '전통장 만들기' 체험 등으로 구성된 세 차례의 활동을 통해 만들어진 전통장인 된장과 고추장은 9월 추석 명절에 민·관 협력을 통해 양평군 12개 읍·면 소외계층에게 프로젝트 참여자인 청소년들이 직접 그들의 이름으로 전달할 예정이다.

[평생교육사회복지신문. 조광연 편집위원. 2023.05.28.]

찬찬하고 아름다운
평생교육 이야기

6. 시민참여교육

# 6. 시민참여교육

보편적 학습사회 실현을 주장하는 대한민국의 평생학습 분류체계는 평생교육 6진체제이다. 대한민국의 평생교육 6진 체제는 모든 국민이 경험하는 전 생애동안의 학습궤적(lifelong learning trajectory) 6개의 경로를 상징한다. 그 경로는 기초문해교육으로 시작하여 학력보완교육, 직업능력교육, 문화예술교육, 인문교양교육, 시민참여교육으로 이어지는 평생교육의 의미와 가치가 반영되어 있다. 이는 김진화(동의대 교수)에 의해 개발되어 국가평생교육진흥원에서 사용하는 대한민국 평생교육 분류체계이다.

평생교육 6진법 분류 중에서 여섯째는 시민 책임성과 지역사회 참여를 목표로 건강한 시민으로 성장하도록 하는 시민참여교육이다. 이것은 어엿한 한 시민이 되어 성숙 된 열정을 쏟아내는 빨강의 색감으로 상징화되는 사회적 책무성과 공익적 활동을 강조하는 평생교육체제를 의미한다. 시민참여교육은 현대의 민주시민으로서 갖추어야 할 자질과 역량을 개발하고 사회통합 및 공동체 형성과 관련하여 시민참여를 촉진하고 지원하는 평생교육이다. 간단히 사회적 책무성과 공익적 활용능력을 기르는 과정이다.

시민참여교육은 세 가지로 분류하고 그 분류에 해당하는 프로그램은 다음과 같다.

첫째는 시민책무성 프로그램이다. 이 과정은 현대 시민으로서 갖추어야 할 사회적 책무성을 개발하고 사회통합 및 공동체 형성을 촉진하고 지원하고 인증하는 프로그램이다. 예를 들면, 인권교육, 양성평등교육, 다문화이해, 환경생태체험강좌, 주민자치교육 등이다.

둘째는 시민리더역량 프로그램이다. 이 과정은 국가 및 지역사회의 공익적 사업을 효과적으로 추진할 수 있는 시민을 발굴·육성하고 그들의 자질과 역량을 개발하고 인증하는 프로그램이다. 예를 들면, 지역 리더 양성, 평생학습리더 양성, NPO(비영리사단법인) 지도자 과정, 지역 문화해설사 과정 등이다.

셋째는 시민참여활동 프로그램이다. 이 과정은 현대사회의 구성원으로서 지역사회조직 및 공익적 사업에 대한 개인적·집단적인 참여를 촉진하고 평생학습 참여기회를 지원하고 인증하는 프로그램이다. 예를 들면, 학습동아리 교육, 평생교육 자원봉사, 환경실천 및 교육, 평생학습 네트워크 참여, 재능기부 활동 및 교육 등이다.

# 6-1. 이번 겨울엔 나도 산타가 되어보자!
빚진자들의집: 19년차 '몰래산타' 모집

안양에 소재한 "사람을 아는 복지 빚진자들의집"(대표: 송용미)에서는 2021년 몰래산타를 모집한다. 빚진자들의집의 몰래산타는 올해로 19년째이다. 선배 산타들이 루돌프가 되어 길을 안내하니 새내기 산타들은 경험이 없어도 지원 가능하다. 코로나 시대에는 코로나 대응단계에 맞추어 몰래산타 활동을 한다.

몰래산타(출처: 빚진자들의 집 홈페이지)

이 행사를 주최하는 "사람을 아는 복지 빚진자들의집"은 지역종합복지관이 하는 만큼의 다양한 활동을 한다. 여기서 이 단체의 활동을 간단히 둘러본다.

몰래산타 이야기

몰래산타의 활동은 이렇게 이루어진다. 안양, 의왕, 군포지역의 5세~8세 산타를 믿는 연령의 취약계층 아동을 매년 250명 정도 복지기관, 어린이집, 주민센터를 통해 추천받는다. 그리고 지역의 어른들이 산타가 되어 지역의 아동들을 돌보고 살피자는 의미로 이 활동을 한다. 크리스마스에 추천받은 아동들은 다음 해 어린이날, 추석까지 1년 내내 산타와 3번 만난다. 크리스마스에는 아동이 받고 싶은 소원선물을, 어린이날에는 힘들고 어려운 걸 함께 한다는 의미를 담은 우산과 과자 선물을, 추석에는 아픔을 함께 치유한다는 구급약품과 과자 선물을 전달하고 있다. 산타들은 가정에 방문해 선물만 전달하는 것이 아니라 아동과 환경을 살피고 함께 놀이 활동을 하며 따뜻한 추억을 선물한다. 새내기 산타들은 선배산타로부터 활동을 배운다.

사람을 아는 복지- 빚진 자들의 집

빚진 자들의 집은 '우리 모두가 사랑의 빚진 자'라는 고백으로부터 시작되었다. 우리 모두는 자연으로부터는 생명의 빚을, 사람으로부터는 사랑의 빚을 지고 살아왔다. 그 사랑의 빚을 아주 작은 곳에서부터, 아주 절실한 곳에서부터 갚고자 한다는 것이 이 단체의 취지이다. '빚진 자들의 집'은 안양에서 유명한 만안구 노래바 골목에 있다. 현재 빚진 자들의 집은 지역사회에서 십시일반 정기후원, 비정기후원, 나눔행사 수입금으로 운영을 하고 있다.

달팽이 지역아동센터

초1(8세)에서 고3(18세)까지 49명의 학생들이 이용할 수 있는 시설이다. 지역의 돌봄이 필요한 취약계층 아동, 청소년들에게 보호, 교육, 급식, 프로그램 제공하고 있다. 초등학교 1학년에 들어온 아동이 고등학생이 되어 졸업을 하는 경우가 대부분이며 아동기와 청소년기를 센터에서 함께하고 있다. 졸업생이 된 아동들은 성인이 되어 동생들을 위해 간식을 사 오기도 하고 또 후원자가 되어 함께하기도 한다. 더 나아가 이 공간의 선생님이 되기도 한다. 자신이 받은 도움을 동생들과도 나누려 하고 있다. 코로나 전에 자전거를 타고 전국 일주도 하였다.

달팽이 지역아동센터로 올라가는 복도에 그려진 예쁜 그림(왼쪽)
친구네집 반찬 지원사업(오른쪽)

달팽이 작은도서관

5천여 권의 도서가 비치된 도서관은 지역주민 누구나 이용할 수 있다. 책으로 알게 되는 많은 경험들을 통해 서로를 이해하는 데 도움이 되며 책을 읽는 어른들의 모습을 통해 어린이들의 모습도 긍정적 변화가 이루어지길 바라며 만든 마을사립도서관이다.

친구네집 반찬 지원사업

주 1회 안양지역 아동을 대상으로 반찬 지원을 한다. 직접 조리해서 준비한 반찬을 대상 아동의 가정으로 가져다준다. 아동이 거주하는 환경도 살피고 아동도 살피며 반찬 배달을 한다.

□ 기관정보

후 원 : 132-01-339464(농협. 빚진자들의집)

연락처 : 031-441-2688

주 소 : 안양시 만안구 수리산로45, 2층(안양6동)

홈페이지 : www.bitjinja.or.kr

[평생교육사회복지신문. 조광연 편집위원. 2021.11.27.]

# 6-2. 광진구 주민자치와 협치
지금 전국은 풀뿌리 민주주의를 실천하는 중.

지금 대한민국의 모든 시도의 시군구에서는 민관협치 사업을 발굴하고, 주민참여예산을 선정하는 중이다. 공론장에서는 세부 사업내용을 만드느라 뜨겁고, 거리현장에서는 주민참여예산 대상 사업 현장방문으로 구슬땀을 흘리고 있다. 이렇게 전국은 풀뿌리 민주주의를 실천하는 중이다. 그중 하나인 서울 광진구 현장을 다녀왔다.

7월 7일(화) 광진 협치 동행 테이블 광진구청 대강당 현장.

광진구는 민관협치 사업을 발굴하기 위해 '2020 민관협치 의제 발굴 공론장'을 광진구청 대강당에서 개최하였다. 7월 7일(화)에는 복지보건 분과, 8일(수)에는 문화예술체육 분과, 10일(목)에는 교육청년분과·도시환경분과의 협치 동행 테이블 행사를 개최했다.

이번 7월 7일(화) 복지보건 분과에서는 네 개 팀이 최종 7개의 각 사업 별 목표, 워킹그룹, 세부계획, 성과지표 및 측정들에 대해 브레인 라이팅을 하였다. 7개 사업을 소개해보면 공유주방 발굴과 1인 커뮤니티 지원, 놀이터 활동가 시범사업, YOLO 나우리 1인 가구 지원사업, 사회 부적응자 상담 지원사업, 취약계층 주택물색 도우미 양성사업, 엄마품 돌봄 지원사업, 장담그기 지원사업이다.

한편 2021년 주민참여예산사업도 심의를 하는 중이다. 광진 구민, 관내 소재 직장인 및 학생 등으로부터 2020. 4. 29(수)부터 5. 22(금)까지 신청을 받은 50여 개 사업에 대하여 주민으로 구성된 심의위원들이 심의 중이다. 6월 25(수)일 1분과 회의, 26(목)일 2분과 회의를 하였다. 이에 7월 8일(수)에는 1분과 현장방문, 9(목)일에는 6곳의 현장방문을 하였다. 7월 15일(수)에는 1분과 사업선정, 16(목)일에는 2분과 사업선정을 한다. 7월 22일(수) 다양한 투표로 주민참여예산 사업 최종선정을 한다. 참고로 작년 2019년에는 2020년 사업으로 '쓰레기 무단투기지역 로고젝터 설치'등 16개 사업에 286,450,000원을 선정하여 진행되고 있다.

'민관협치'는 지역 문제를 해결하기 위해 구민과 행정이 함께 정책을 계획, 결정, 집행, 평가하는 일련의 소통과 협력의 과정이다. 민관협치는 의제 발굴, 숙의·공론, 사업계획 수립, 사업실행의 네 단계로 이루어진다.

'주민참여예산제'는 다양한 경로를 통하여 동네 주민이 필요로

하는 사업에 대한 주민 의견을 수렴하고자 한다. 예산에 대한 교육 및 홍보 활동 강화로 주민참여예산제가 기틀을 잘 마련하고 있다. 내 동네 사업을 주민이 선정하고 예산을 편성하고 평가하는 풀뿌리 민주주의는 이렇게 발전하고 있다.

    [평생교육사회복지신문. 조광연 편집위원. 2020.07.09.]

## 6-3. 시민참여교육 이야기
민주시민교육 강사양성과정 교육자료집(공동).
강원도지속발전가능협의회. 강원민주재단. 조광연

강원도지속발전가능협의회와 강원민주재단에서 민주시민교육 강사양성과정 교육자료집을 발간하였다. 공동으로 발간된 자료집에서 저자가 쓴 '민주시민교육 교육방법론' 중 일부분을 소개한다.

민주시민교육 강사양성과정 교육자료집(공동). 2020.12. 조광연

▷ 민주시민교육에 관한 여러 가지 접근들

1) 민주시민 양성을 위한 정치교육으로서의 시민교육

한국사회에서는 주로 '민주시민교육'이라 하면 가장 기본적으로는 민주주의에 대한 개념과 이해부터 선거, 투표에 대한 이해와

실천, 정치 현안에 대한 이해 및 분석, 민주적 토론문화 실현, 사회적 갈등 해결, 주민자치와 시민참여 등을 말한다. 이와 유사한 교육으로는 독일에서 폭넓게 진행되고 있는 정치교육이다.

독일의 정치교육을 살펴보면 내무부 산하 '연방정치교육원'을 통해 다양한 교육기관, 정치재단, NGO 등에 정치교육 활동을 지원하고 이를 통해 국민들의 민주의식과 정치참여의식을 고취시키고자 한다.

여기에서 주요하게 살펴볼 것은 정치교육이 정부의 지원을 받아 운영되기는 하지만 교육 내용에 정부의 입김이 들어가지 않으며, 정당에서 설립한 교육기관이라 하더라도 정당의 정치색이 투영되지 않고 일정하게 독립성을 가지고 있다는 것이다.

이는 정치교육의 최소원칙이라고 할 수 있는 보이텔스바흐 협약(Beutelsbach Konsens)을 통해 지켜지고 있는데, 이 협약은 직접 교육을 진행하는 기관뿐만 아니라 지원기관인 연방정치교육원의 결정이나 감독의 기준이 된다. 서울 교육청도 이 방법론을 처음 소개한 징검다리교육공동체(이사장 곽노현)와 민주시민교육 포럼을 다수 개최하였다.


2) 삶의 질 향상을 위한(평생학습사회실현을 위한) 평생교육으로서의 시민교육

한국의 평생교육 목표는 다음과 같다.

요람에서 무덤까지 국가가 언제나 어디서나 필요로 하는 사람에게 교육을 제공하는 평생학습사회를 실현하는 것을 목표로 한다. 국가평생교육진흥원이 밝힌 평생교육의 6대 영역은 성인 기초·문자 해득 교육, 학력보완교육, 직업 능력 향상 교육, 문화 예술 교육, 인문 교양 교육, 시민참여 교육 등을 포함하는 모든 형태의 조직적인 교육 활동을 한다.

모든 시민은 교육받을 권리, 학습할 권리가 있다는 측면에서 시민교육은 평생교육이며, 보편적 시민의 기본권이라고 볼 수 있다.

시민교육은 파울루 프레이리의 민중교육학적 측면에서 억압되고 소외된 이들을 위한 평생교육적 측면의 접근이 강화되어야 할 필요성이 있다.

이 논점을 강조하는 한숭희 교수는 현재 한국사회의 세대간 갈등은 교육격차 때문이라고 분석하면서 그 근거로 OECD가 매년 발간하는 Education At a Glance(2013)를 제시하였다. 문해력(literacy) 수준에 따라 성인들의 평생학습 참여율은 문해력이 낮을수록 참여 비율이 급격히 낮아진다고 한다(「2013 시민교육 심포지엄」자료집 p. 51). 이러한 세대 간 교육격차와 문해력에 따른 평생학습 참여 비율은 (정치)사회적 현안이나 상황을 판단할 때 중요한 변수로 나타날 수 있을 것이며, 다양한 층위에서 사회적 소통을 요할 때 토론과 논의를 방해하는 요소로 나타날 수도 있다.

평생교육의 또 다른 측면으로는 개인의 삶의 질 향상을 위한 시민교육이 있다. 이는 성인문해교육부터 도서관이나 박물관, 미술관 등 공공기관의 문화예술교육, 지자체 평생학습관의 교육프로그램, 시민사회단체 시민참여교육, 인문교육기관의 인문학교육, 직업능력개발 및 향상 교육 등 모든 것을 포괄하는 개념이다.

개인의 삶의 질 향상을 위한 시민교육으로서의 평생교육의 의의에 대하여 한숭희는 다음과 같이 말하였다. '미숙한 중년과 노년'에 대하여 한숭희는 "사람은 나이가 들수록 환경을 재구성해 가야 한다. 성장하지 않고 굳어져 버린 경험을 소유한 사람은 사회적으로 적응할 수 없게 되거나 스스로의 삶을 자폐적 구조 안에 가두어 버린 불행한 사람이 된다."(한숭희, 2010:평생교육론 409)고 평가하고 있다. 몸·정신·사회적 유기체로서 인간의 전 생애발달은 통합적 성격을 지닌다. 한숭희(2010: 79-95)는 평생학습에서 통일적 과제에 대해 "생명과정으로서의 학습 …… 지적 호흡으로서의 학습 …… 사회화·자기해방으로서의 학습의 통일"이라고 설명한다.

시민은 사회 안에서 자신의 학습권을 충분히 누리고, 사회는 그것을 위해 판을 열어두어야 한다. 그것이 평생학습으로서 시민교육의 위치와 역할이라고 볼 수 있다.


3) 보편적 시민의식 성장을 위한 교양교육으로서의 시민교육

일반적으로 인문교양교육이라고 한다. 인문교육은 인간의 사

상과 문화를 대상으로 하는 학문을 가르치는 교육으로 자유로운 (liberal) 인간을 목표로 한다.

교양교육(general, humanistic education)이란 모든 시민을 대상으로 하여 교양인(敎養人)으로서의 소양을 갖추도록 하는 교육이라고 하는데, 경희대학교 후마니타스칼리지 우기동 교수는 「2013 시민교육 심포지엄」에서 교양교육의 중심축에 '시민교육'이 있다고 하였다.

교양인은 단순히 인문학적 지식과 소양이 높은 사람을 칭하지 않는다. 교양인으로서의 삶은 어떠한 사안을 접했을 때 자율적으로 판단하고 그에 따른 책임 의식을 갖는 사람이다. 또한 자신과 타인에 대해 비판적이고 합리적인 사고를 하고, 타인에 대한 배려와 관용을 통해 공동의 선을 추구한다. 이는 공동체적 삶을 살아가는데 필요한 시민의식의 다른 표현이며, 이에 교양인의 다른 말은 '보편적 시민의식이 성장한 시민'일 수 있다.


4) 풀뿌리 민주주의 실현을 위한 자치교육으로서의 시민교육

지방정부는 국가정책을 지역주민에게 맞추어 실행하는 전략과 계획을 실행하는 중앙정부의 파트너이다. 제도적 지방분권을 넘어 실질적인 지방자치가 되기 위해서는 주민 중심의 자치가 실현되어야 한다.

3500여개의 읍면동 단위에 풀뿌리민주주의 중심 주민자치원원

회가 활동을 시작하고 있다. 도시재생센터, 마을학교지원센터, 마을만들기 지원센터를 통해 경험된 동네일꾼들이 지역주민의 의견을 수렴하며 동네민주주의를 실현하고자 노력하고 있다. 주민자치위원회는 주민자치회로 발전하며, 일부예산도 가지고, 상근 월급도 주고, 분과 활동인원도 보강하며 명실상부한 읍면동 단위의 자치회로 발전하고 있다. 자신들이 원하는 도시를 스스로 만드는 권리를 누리는 정의로운 도시, 포용하는 도시를 구상하고 있다.

시민은 자신의 동네의 삶의 질 향상을 위해 노력한다. 그리고 시민은 국가의 주인으로서 주인의식을 가지고 사회변화의 중심에 서서 상향식으로 민주주의를 완성해가는 주인공으로서 거듭나고 있다. 이것이 풀뿌리 민주주의 이루는 과정이다.


5) 다양성 시대의 복지국가 실현을 위한 사회복지로서의 민주시민교육

사회복지는 사회적 약자에 대한 보호를 최우선으로 한다. 인간존엄성, 평등, 자유, 정의의 가치를 법제, 행정, 정책화하고 이를 장애인, 노인, 청소년, 여성, 다문화 등의 현장에서 실천하는 영역이다.

현장과 이론과 가치가 통일되는 실천학문이다. 그 구체적 실천가인 사회복지사는 대상자(클라이언트, 이용객)에 대한 최대한의 온정(돌봄)을 바탕으로 이용객의 자기결정권을 존중하고 이용객

에 대한 비밀보장을 하며 삶의 질 개선을 이룬다. 이용자 개인에 대한 온정과 이를 제도적으로 이루기 위한 사회정의를 이루기 위한 지역 운동을 한다.

사회복지사는 더 나아가 학교에서도 병원에서도 특히 정신병의 현장에서도 군대에서도 활동한다. 사회복지사는 그야말로 가장 일선 현장에서 일하는 인권 활동가들이다. 사회복지사는 민주시민사회가 지향해야하는 가치와 현안을 개인에게 구현하고 사회 변화를 위해 노력하는 이론가이자 사회변혁가이다.

사회복지에서 바라보는 민주시민교육은 인간에 대한 사랑, 그리고 구체적 실천, 제도로 정착하기 위한 사회정의 실현 그리고 세계시민으로 거듭나기를 강조한다.

6) 지속가능발전목표를 실천하는 세계시민교육으로서의 시민교육

세계시민교육은 자연(우주)과 당신과 나 우리 모두를 위한 정의, 평화, 다양성의 가치를 존중하고, 변화를 위해 행동하는 사람을 길러내는 교육이라고 한다.

2015 세계교육포럼 개최를 계기로 지속가능발전목표(SDGs) 시대의 새로운 국제 교육의제로 부상하였으며, 2030년까지 유네스코 및 유엔의 교육발전목표에도 반영되었다.

세계는 지속가능발전을 위한 환경과 개발에 관한 협력을 넘어

환경-경제-사회의 통합과 균형을 지향하는 인류 보편적인 발전 전략을 제시하며 실천을 약속하고 있다. 모든 사람이 인종, 민족, 소득수준과 관계없이 공정하게 대우받고, 과정에 참여하는 환경정의를 주장한다. 지속가능발전목표(SDGs)의 17개 과제는 다음과 같다. 그림과 함께 보자.

유네스코(UNESCO) 지속가능발전목표(SDGs)의 17개 과제

# 6-4. 광장동 사랑의 기부데이
## 사랑의 기부 현장: 광진구 광장동 직능단체연합

　12월 14일(월)부터 12월 16일(수)까지 서울 광진구 '광장동 〈사랑의 기부 DAY〉' 행사를 오프라인과 온라인으로 개최한다. 이 행사는 '광장동 직능단체연합'이 주최한다. 코로나 19의 어려움에도 불구하고 우리 주변의 어려운 이웃들에게 따뜻한 사랑과 희망을 전하는 손길이 이어지고 있다. 그중에서도 14일(월) 다녀온 광장동 행사 현장 풍경을 전한다.

광진구 광장동 '사랑의 기부 DAY' 행사장에서 사진을 찍는 기부 천사들
보온밥통의 쌍화골드와 비스킷을 직접 만든 '에코백'에 담은 답례품

　광장동 주민센터 3층 행사 현장에 들어서면 '자원봉사 캠프팀'에서 온도체크와 손 소독 등 코로나 대응을 한다. 우측에는 '주민

센타 주민자치팀'과 '각종 새마을 협의회팀'이 오늘 방문한 따뜻한 천사들의 성금과 성품을 접수하며 '사회복지공동모금회'의 '사랑의 열매 배지'를 달아주었다. 성금을 전달하며 중앙의 '사랑의 온도탑' 앞에서 사진을 찍었다. 행사장에는 1년간 광장동 '사랑나누기' 행사 사진이 전시되어 있다. 오른쪽 단상에 마련된 '천사날개'에 나아가 사진을 찍으며 기부 천사가 된다.

  기분도 좋아지는데 왼쪽에 마련된 '7080 라이브 카페' 무대에서 마이크를 잡고 힘차게 포즈만 취하고 다음은 '6070 영화 포스터' 앞에서 기타를 잡고 마지막 포즈를 취했다. 중간중간에 인터뷰를 진행하는 '통장협의회팀'의 마이크를 만나면 뜨거운 감사의 멘트를 한다. 마지막 출구에 서면 '주민자치위원회 팀'에서 보온밥통에 따뜻하게 준비한 쌍화골드와 모든 단체가 후원하여 만든 에코백에 담긴 비스킷을 선물로 받는다.

  이 행사는 체육회, 새마을 금고, 부녀회, 바르게 협의회 등 모든 직능연합(의 이름으로 준비했지만)이 광장동 주민 센타 동장 이하 직원들의 숨은 노력에 의해 마련되었다.

  [평생교육사회복지신문. 조광연 편집위원. 2020.12.15.]

# 6-5. 생태평화리더 양성과정
## 평화의숲 제1회 최고경영자 회의

〈평화의 숲- 제 1회 최고경영자 회의〉가 12월1일 명동 커뮤니티하우스 마실에서 열렸다. 이 회의는 기후위기 시대 생태평화리더로서 기업의 사회적 역할을 고민하는 기업관계자들이 모이는 자리였다. 평화의 숲(대표: 김재현, 전 산림청장), 건국대학교가 주최하고 뉴패러다임 인스티튜트(대표: 문국현) 와 아시아산림협력기구(AFoCO)가 후원하였다.

개회사에서 김재현 대표는 "기후위기를 극복하기위한 탄소중립 등 대전환의 시대에 기업의 국제협력사업은 ESG 기반의 경영전략 수립으로 전환하여 현지국가 내 지역사회, 글로벌 시민사회와 유기적인 관계를 맺어야 함을 강조하였다." 축사에서 문국현 대표는 "지구 위기의 시대에 기업에는 새로운 리더십이 긴급하게 필요하

다. 리더십의 내용에는 사회적·환경적 문제를 기업의 과제로 가질 것, 기업 경쟁력의 원천인 사회책임 경영을 지속적으로 실천할 것 "등을 제시하였다.

기업이 숲과 만나야 하는 이유

session1에서는 〈기업이 숲과 만나야 하는 이유〉를 주제로 세 강사가 발표하였다. 약자를 챙기는 진정한 평화정신의 관점에서 바라볼 때 숲과 생태의 가치가 보임을 신준환(전 국립수목원장)강사가 발표하였다. 글로벌 기업·국내 기업의 산림 ESG 사례를 소순진(한국임업진흥원 산림탄소경영실 실장)강사가 발표하였다. SK 사례를 바탕으로 기업 ESG의 중요성과 확장성을 성준영(SK임업 산림팀장)강사가 발표하였다.

기업이 숲과 만나는 방법

session2에서는 〈기업이 숲과 만나는 방법〉를 주제로 세 강사가 발표하였다. ESG와 개발협력 SDGs와의 만남에 대하여 이상백(KOCIA 기업티협력실 실장)강사가 개발도상국의 산림파괴로 인한 온실가스 줄이는 방안과 탄소시장 연결에 대하여 이요한(서울대 교수, REDD+협회장)강사가 발표하였다. 마지막으로 김재현 대표는 국내외 산림분야 민간협력의 구심점으로서의 사단법인 평화의 숲의 비전과 역할을 발표 하였다.

평화의 숲 대외협력팀. 02-2038-3996

[평생교육사회복지신문. 조광연 편집위원. 2022.12.02.]

# 6-6. 고대 평생교육원: 생태환경전문가과정
생태·환경영역 리더 역량교육 프로그램

자연과 환경에 관심이 있는 일반인을 대상으로 생태학 강의를 하는 평생학습공간을 소개한다. 물론 관련분야의 초보적 지식이 있다면 더욱 권장하는 프로그램이다.

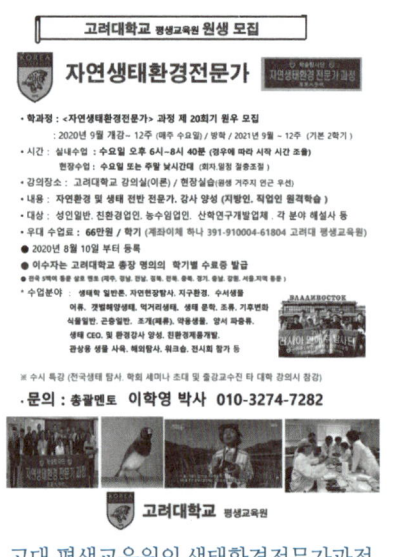

고대 평생교육원의 생태환경전문가과정

고대 평생교육원의 생태환경전문가과정은 고려대학교 본교 라이시움건물 강의실(6호선 고려대역 1번 출구)에서 매주 수 오후 6시부터 8시 40분까지 실내 수업으로 진행한다. 다양한 현장수업은 낮 시간대 조율하여 진행한다. 수업 분야는 다양하고 깊이가 있다. 수업은 실내 대면수업이 중심이지만 현장수업 그리고 지방학습자를 위한 실시간 온라인수업도 병행한다.

23회기와 600여 동문은 자랑

이 강의는 2011년 수생태 해설사 1학기 과정으로 시작하여 수생태를 포함한 생태전반 강의로 확장되며 자연생태환경전문가 2학기(1년)과정으로 진행되고 있다. 그러나 내용이 광범위하고 매학기 새로운 내용으로 진행되어 3-4학기 추가 수강하는 학습자들도 있다. 600여 동문을 배출할 정도로 역사가 깊은 프로그램이다.

학습참여자들도 환경교사, 자연농원 운영자, 환경기업가, 생태학자 등의 전문가에서 문학인, 종교인, 주부 등 자연을 사랑하는 사람으로 다양하다. 학습자의 공통점은 자연에 대한 사랑을 바탕으로 심신수련, 취미확장, 전공확장, 사업확장 등 연계활동을 하고자 한다는 것이다.

[평생교육사회복지신문. 조광연 편집위원. 2022.02.26.]

# 6-7. 청소년 체험학습 현장: 목화솜 수확체험
하남YMCA 목화솜 수확체험 행사 진행.

하남YMCA(김시화 이사장, 이용원 사무총장)는 10월 15일(토) 오전 10시에서 오후5시까지 〈목화솜 수확체험〉 행사를 하남시 미사리 경정장 내 텃밭체험 학습장에서 실시한다. 이 행사는 무료로 진행되며 국민체육진흥공단(경정장)이 후원한다. 이 행사는 8년째 시행되는 행사로 하남시의 청소년 체험활동 행사의 모범으로 자리를 잡아가고 있다. 무료로 시행되니 자녀와 함께 목화솜의 포근함을 느껴보기를 권한다.

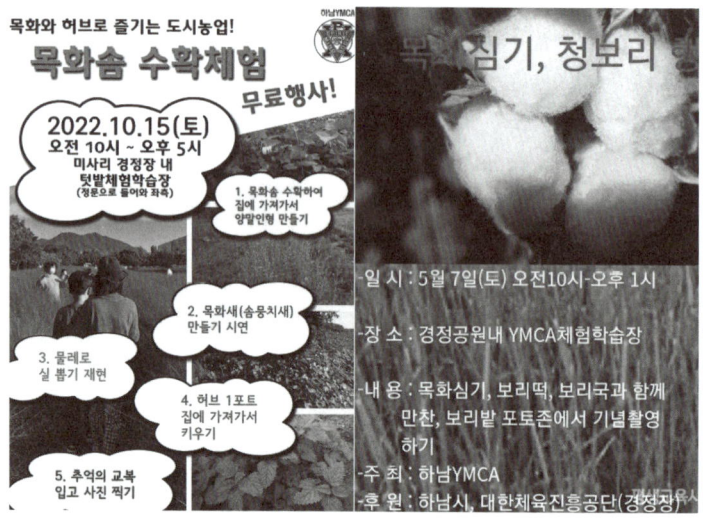

10월의 〈목화솜 수확체험〉 행사

이번 행사는 목화솜 수확하여 집에 가져가서 양말인형 만들기, 목화 솜뭉치 새 만들기 시연, 물레로 실뽑기 재현, 허브 1포트 집에 가져가서 키우기, 추억의 교복입고 사진 찍기 등이 진행된다.

5월의 〈목화심기〉 행사

10월의 〈목화솜 수확체험〉전인 5월에는 〈목화심기〉 행사를 하였다. 이 행사를 8년째 이어오고 있는 김우섭 이사는 "목화체험을 통하여 청소년들에게 역사적으로는 문익점선생의 민족사랑, 생태적으로는 인간에게 도움을 주는 자연사랑, 감성적으로는 목화의 포근함을 경험하는 느낌사랑을 경험하는 작은 자리가 되기를 바랍니다."라고 하였다.

하남YMCA는 하남, 광주교육지원청 그리고 하남시 유초등학부모연합회와 학생 진로지도, 체험활동에 관한 MOU를 맺은 청소년 전문 교육기관이다. 하남YMCA의 〈아동비견형성교실〉은 자아존중감 향상, 리더십 향상, 진로탐색, 자기주도학습의 4단계 맞춤형 프로그램을 진행하고 있다. 특별프로그램으로는 요리/과학활동, 스포츠 활동, 텃밭활동, 현장학습을 진행하고 있다. 이번 〈목화솜 수확체험〉 행사에도 〈아동비견형성교실〉학생들도 참여한다.

하남YMCA (미사역 5번출구, 호반써밋상가 3층 107호)

☎ 796-4222 ,796-4068. YMCA아동비견형성교실

[평생교육사회복지신문. 조광연 편집위원. 2022.10.03.]

# 6-8. 주민들이 기획·참여하는 지역축제 성황 중!
## 광진구 광장동 어린이 화랑선발대회

코로나 이후에 전국적으로 다양한 지역축제가 진행 중이다. 그 중 서울 광진구의 행사를 소개한다. 광진구청(구청장 김경호) 주민참여예산사업 그리고 광장동 동 특화사업으로 진행되는 〈어린이 화랑선발대회〉 진행 소식을 전한다.

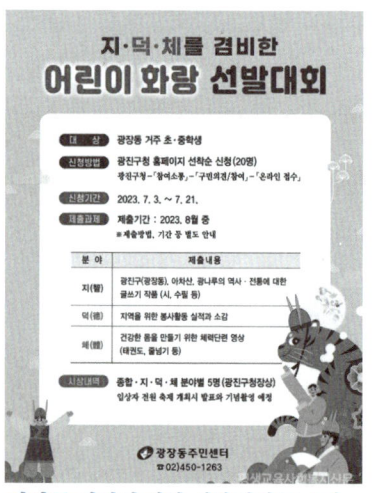

광장동 어린이 화랑 선발대회 포스터

어린이화랑선발대회(공동조직위원장 최두호 주민자치위원장, 공동조직위원장 권태윤 광장동 동장)에 참가하는 초·중학생의 신청접수가 오늘 7월3일(월)부터 시작하여 7월 21일(금) 마감한다.

이 대회는 서울 광진구 광장동에 한정하는 마을 어린이 대회이다. 지·덕·체를 겸비한 어린이를 선발하는 대회이다. 이 대회에 참가자(입상자) 20명 모두에게는 광진구청장상이 수여되고 지역 문화축제에 어린이 화랑 자격으로 발표할 수 있는 기회가 주어진다.

삼국이 교류· 경쟁· 번영하였던 역사의 땅! 광장동

광진구 광장동은 아차산 보루 일부와 아차산성 그리고 광나루가 위치한 지역이다. 광장동은 백제, 고구려, 신라 그리고 통일신라가 교류·경쟁하고 번영한 지역이다. 그리고 고려, 조선을 거치면서도 여전히 중부내륙의 물산이 모이는 넓은 나루 역할을 한다. 향토사학자 김민수님은 글과 해설에서 " 아차산성에는 강화도 마니산의 참성단에서 보이는 제단과 유사한 유적이 있습니다. 아차산성은 한반도의 또 하나의 중요한 중심입니다."라고 하며 광장동 주민은 지역에 자긍심을 가지고 발전시켜가기를 당부한다.

어린이 화랑이란?

고구려, 백제, 신라에는 각 국마다 어린이 교육기관이 있었다. 그 교육의 공통점을 보면 나라의 산천을 경험하며 심신을 고루 발달시키는 것이라고 한다. 고구려는 이러한 어린이 심신수련을 경당이라고 하였고 신라는 화랑이라 하였고 백제도 존재하였지만 이름은 전하지 않는다. 삼국의 교육의 공통기원을 거슬러 올라가면 그 이전시기의 풍류도라고 하는 분들도 있다. 즉 삼국의 어린이 교육 형태는 같은 뿌리에서 시작된 이 땅의 고유한 심신수련이라고 한다. 이러한 관점에서 많은 사람에게 알려진 화랑이란 이름을 이 어린이대회의 이름으로 사용하게 되었다.

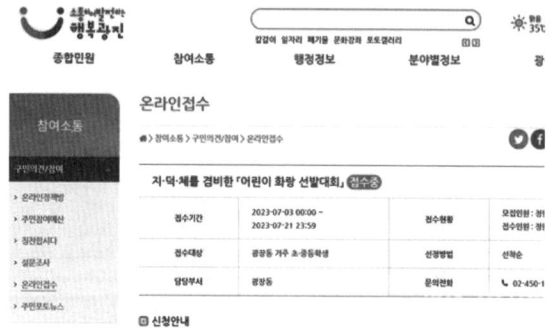

광진구청 홈페이지의 어린이 화랑선발대회 접수 모습

어린이화랑선발대회 참가방법

대회 참가하고자 하는 어린이는 광진구청 홈페이지에서 기간 내에 신청하면 된다. 참여소통- 구민의견/참여- 온라인접수에서 어린이화랑선발대회에 신청접수하면 된다. 부모님이 신청하고 참가자에 학생 이름을 적어도 되고, 초등학생 어린이가 신청하면 부모님의 휴대폰 번호로 동의가 있어야 한다. 신청은 20명 선착순이다. 신청 후 대회참가를 포기하는 학생이 있을 수 있어서 10명의 대기자 접수도 받는다.

어린이화랑선발대회 내용

7월에 대회 참가를 신청한 어린이는 8월중에 지덕체(智德體) 3가지의 과제를 제출해야한다. 지(智)의 내용은 아차산, 광나루, 광장동의 역사·전통에 관한 글쓰기 작품이다. 글은 시도 수필도 어떤 글도 가능하다. 덕(德)의 내용은 봉사활동의 내용증명과 짧은 후기이다. 봉사활동은 금년에 한 봉사활동 8시간정도의 증명서와 A4 한 장 이내의 봉사후기이다. 체(體)의 내용은 건강한 몸을 만들기 위한 체력단련 동영상 제출이다. 태권도, 줄넘기, 푸쉬업, 턱걸이 등 건강한 몸을 위한 자신의 체력단련법이다. 세 가지 과제는 추후에 이메일로 제출하면 된다.

광장동 성황제와 광장동 문화행사

어린이 화랑선발대회는 처음에는 광장동 성황제 사전행사로 기획되었다. 광장동 성황제는 11월에 열리는 오랜 역사와 전통을 가진 지역 주민의 안녕과 지역의 평안을 바라는 행사이다. 이 행사에 어린이화랑들이 본 행사 전에 공연을 한다. 그리고 10월에는 금년에 새로 출범하는 〈광장동 문화행사위원회〉에서도 어린이 화랑들은 자신들의 글과 말과 장기를 발휘할 것이다. 그리고 광진구청장 시상과 기념촬영도 진행한다.

광진구청 홈페이지: 광진구청 (gwangjin.go.kr)

광장동주민센터: 02-450-1263

[평생교육사회복지신문. 조광연 편집위원. 2023.07.03.]

# 6-9. 사회적 기업 러블리페이퍼
## 노인들의 폐박스를 예술품으로 만드는 기업

노인들이 주어온 폐박스로 만든 재생 예술품을 판매하는 사회적 기업 '러블리페이퍼(대표: 기우진)'가 있다. '러블리페이퍼'는 자원재생도 하고 폐지 줍는 어르신을 돕는 페이퍼 캔버스 아트 사회적 기업이다.

저자가 러블리페이퍼에서 구입한 페이퍼캔버스화

'러블리페이퍼'는 노인들이 가져온 폐박스 중에서 깨끗한 것으로 페이퍼 캔버스를 만든다. 노인들이 주워오는 폐휴지는 시중에서 kg에 5000원에 고물상에서 사들인다. 폐휴지에도 등급별 종류에 따라 더 값이 떨어지기도 한다. 그런데 '러블리페이퍼'는 깨끗한 폐박스를 6배인 kg에 30000원에 사들인다. 이 폐박스로 페이퍼 캔버스를 만든다. 이 캔버스를 만드는 과정에도 노인들이 참여하여 보람과 수입을 얻고 있다. 이 페이퍼 캔버스는 재능을 기부하는 캘리그래피 작가의 정성을 거쳐 '페이퍼 캔버스 아트'로 탄생한다. 이렇게 탄생한 캔버스는 '러블리페이퍼' 홈페이지에서 판매된다.

폐지수집 노인을 돕는 네 가지 방향

'러블리페이퍼'는 이 사업을 통해 폐지수집 노인을 네 가지 방향으로 돕고 있다.

첫째는 생계지원이다. 정기적인 쌀과 생필품을 지원한다.

둘째는 안전지원이다. 미세먼지 마스크, 안전 조끼, 안전화, 방한복을 지원한다.

셋째는 여가 지원이다. 정기적인 영화관람, 나들이 여행, 커뮤니티, 평상제작을 한다.

넷째는 생활개선이다. 혹서기 방충망 교체, 혹한기 난방 필름 설치 등을 한다.

사회적기업 '러블리페이퍼'에서 VIP회원 되어보기

사회적기업 '러블리페이퍼'에서는 VIP회원을 모집한다. VIP회원은 폐지수집 노인들을 돕고 자신의 집으로 배달되는 멋진 작품으로 따뜻한 가슴을 만들 수 있다. VIP회원은 매달 일정 금액의 회비를 내고 1년에 일정량의 작품을 받는 '정기구매자'가 되는 것이다.

월 1만원으로 연 4회의 캔버스화를 받는다. 그 외에도 '러블리페이퍼'에서 주관·주최하는 전시회 참여 무료 등의 혜택이 있다. 홈페이지 내에서 정기구독 회원 가입하기를 하면 내가 편한 시간에 전화를 준다.

'러블리페이퍼' 캔버스 구입하기

작품을 구입하는 방법은 '러블리페이퍼' 홈페이지 스토어에 소개된 캔버스화 중에서 마음에 드는 작품을 선택, 구입하면 된다. '러블리페이퍼' 캔버스 구입하기는 네이버 스토어와 연계되어 있다. 기자는 전시된 많은 페이퍼 캔버스 아트 중에서 "좋은 일은 햇살처럼 스미고 나쁜 일은 바람처럼 날아가길"을 구입했다. 작품비 30000원에 배송료 3500원이다. 그림이 오는 날이 기다려진다.

러블리페이퍼 https://loverepaper.org

러블리페이퍼 032-514-0109

[평생교육사회복지신문. 조광연 편집위원. 2020.06.05.]

# 6-10. 사랑의 손수레 전달식
## 영동포구청과 사회복지협의회의 훈훈한 겨울 만들기

11월 24일 오후 4시 30분 영등포구청 구청장실에서는 (사)사랑의 자전거(이사장:박우섭, 상임이사:정호성) 손수레 전달식이 있었다. 이 자리에는 영등포 사회복지협의회(회장:정진원) 박화선 사무총장도 함께하였다.

영등포구청에서 열린 폐지 수집 어르신을 위한 사랑의 손수레 전달식(왼쪽)
폐지 수집 어르신들의 사랑의 손수레(오른쪽)

코로나19로 손수레가 3층 구청장실에 올라가지 못하고 어르신도 참여하지는 못한 자리였다. 그렇지만 코로나19에도 불구하고 연말연시에 이어져야 할 실속 있는 행사였다. 손수레는 스무 분의 폐지 수집하는 어르신들에게 보급될 예정이다. 이번 행사는 영등

포에 본사를 두고 있는 UPS코리아의 보이지 않는 후원으로 이루어졌다.

이 손수레는 폐지 줍는 어르신들에게 마법의 손수레로 불리고 있다. 낡은 유모차를 이용하거나 브레이크 없는 위험한 손수레를 이용하는 어르신들에게는 아주 귀한 선물이다. 사랑의 손수레에는 브레이크, 경광등, 경음기 등이 있고 펑크 걱정 없는 노펑크 타이어 그리고 가벼운 알루미늄 소재로 만들어졌다. 전국 175만으로 추정되는 폐지 수집 어르신들에게 '사랑의 손수레 보급 캠페인'이 풍성해지길 기대한다.

(사)사랑의 자전거(이사장:박우섭, 상임이사:정호성)

전화; 02 745 9028(교육원.02 845 9028) 031 973 9028

후원계좌; 농협 351-0807-2660-93(예금주:사랑의 자전거)

보내주신 후원금(물품)은 연말정산 소득공제 혜택을 받을 수 있다.

[평생교육사회복지신문. 조광연 편집위원. 2020.11.25.]

# 6-11. 기업의 사회공헌 활동
## 이투스교육의 따뜻한 사회공헌 활동

평생교육에는 시민참여 활동 및 교육이 포함된다. 여기에는 각 기업들이 하고 있는 사회공헌 활동도 포함된다. 사회적기업이 아니어도 이익을 목적으로 운영되는 일반적인 회사들도 개인적으로든 조직적이든 사회적 기여 활동을 하고 있다. 거대 기업들이 하는 커다란 규모의 사회공헌뿐 아니라 작은 회사들도 소소하게라도 사회에 공헌함으로써 회사의 가치를 높이고 조직 구성원들이 따뜻한 시민의식을 가질 수 있다.

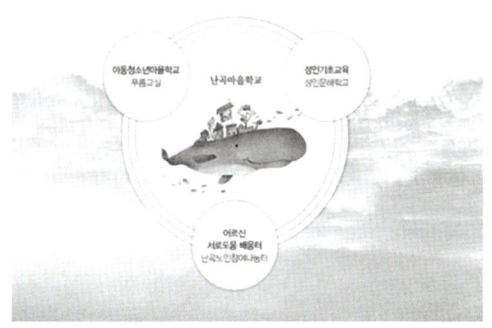

이투스교육에서 후원하고 있는 난곡사랑의 집(이전: 난곡사랑방)

그중에서 저자가 10여년 몸담았던 이투스교육(회장: 김형중)의 사회공헌 활동을 소개하고자 한다. 저자 또한 이투스교육에 재직하던 때 여러 봉사 활동을 하였었다.

 이투스에듀의 사회공헌 팀에서는 '이투스에듀(주)는 지난 2006년부터 현재까지 꾸준히 따뜻한 손길을 내밀며, 교육의 힘을 통해 사회에 기여하고자 노력해 왔습니다'고 소개하였다.

 '이투스에듀의 사회공헌 활동은 단순히 기업 이미지를 개선하기 위한 것이 아닌, 교육을 통한 진정한 나눔의 실천에 그 목적을 두고 있습니다. 이투스에듀는 교육이 사회를 변화시킬 수 있는 가장 강력한 도구라는 신념 아래, 소외된 이웃들에게 교육의 기회를 제공하며 그들의 꿈을 키워가는 데 힘쓰고 있습니다. 이투스에듀는 교육이 사람들의 미래를 밝히는 디딤돌이 되길 바라며, 사회적 책임을 다하는 데 최선을 다할 것을 약속드립니다.'라고 전해왔다.

 이투스교육의 사회공헌 활동은 아래와 같다.

 1. 난곡사랑의 집(이전 명칭: 난곡사랑방) 후원 활동

 2006년부터 이투스에듀는 지역 사회와 함께 난곡사랑의 집을 후원해왔다. 난곡사랑의 집은 어려운 환경 속에서도 희망을 잃지 않는 이웃들에게 따뜻한 보금자리를 제공하는 소중한 공간으로 이투스에듀는 매년 후원금과 함께 교육 물품을 지원하였다. 이투스교육은 '우리의 작은 정성이 그들의 일상에 밝은 빛으로 자리 잡기를 진심으로 바라며, 이들이 한 걸음 더 나아갈 수 있는 힘이 되기를 소망합니다.' 라고 하였다.

2. 사랑의 연탄 나눔 활동

매년 겨울, 이투스에듀 임직원들은 추운 날씨에도 굴하지 않고 직접 연탄을 나르며 사랑의 온기를 이웃에게 나누고 있다. 연탄 하나하나에 담긴 정성과 온기가 추운 겨울을 이겨내는 이웃들에게 큰 위로가 되길 바라는 마음으로, 임직원들이 함께 땀 흘리며 소중한 시간을 보낸다.

사랑의 연탄 나눔 활동   장애인 정보화 교육 기부 활동

3. 아름다운가게 기부 활동

이투스에듀는 아름다운가게와 협력하여 교육 물품을 기부하고, 그 수익금은 소외된 이웃들에게 전달하고 있다. 아름다운가게에서 판매되는 책과 강의는 단순한 상품을 넘어, 교육을 통한 희망과 기회가 되기를 바라며 이 활동을 이어가고 있다.

4. 소외계층 교육 지원

이투스에듀는 저소득층과 다문화 가정 자녀들이 더 나은 교육

환경에서 학습할 수 있도록 도서와 인터넷 강의를 꾸준히 지원해오고 있다. 이들이 학업을 통해 꿈을 키워나가고, 더 넓은 세상으로 나아가는 데 도움을 주고자 하는 활동이다.

5. 장애인 정보화 교육 기부 활동

정보화 교육을 통해 장애인들에게 더 넓은 세상과 연결될 수 있는 기회를 제공하고자 이투스에듀는 정보화 교육 기부 활동을 진행해오고 있다. 디지털 격차로 인해 어려움을 겪는 장애인들이 디지털 교육을 통해 자립할 수 있도록 돕는 것이 이 활동의 목표이다. 특히 오늘날, 디지털 기술의 발전 속에서 정보화 교육은 그 어느 때보다 중요한 역할을 하고 있으며, 이투스에듀는 이러한 교육을 통해 장애인들에게 새로운 가능성을 열어주고자 기부 활동을 하고 있다.

# 6-12. 한국장애인레저스포츠협회 송년회
## 2022년 가장 아름다운 송년회

12월 10일 토요일 경기도 양평군 서종면에서는 한국장애인레저스포츠협회(이사장 신경숙)의 송년회가 열렸다. 이 송년회는 협회의 주요활동인 장애인복지형상회(회장 류다솜)가 중심이 되어 준비하였다. 작지만 뜻깊었던 2022년의 최고의 송년회로 소개한다.

이날 송년회에는 10여년 정도 장애인복지형상회 활동을 함께 해온 장애인(파랑새) 네 분과 그 가족 여섯 분 그리고 자원봉사자(바람꽃) 다섯 분 그리고 복지형상회 사업을 이어 더 확장된 사업을 하는 한국장애인레저스포츠협회 임직원 다섯 분이 참여하였다.

이날 행사는 참가자 소개, 식사와 담화, 게임(장형회OX퀴즈) 그리고 선물 교환식으로 진행되었다. 선물 교환식 이후에도 제2차(훈민정음 게임), 제3차게임(탁구게임)이 이어졌다. 탁구게임에서 모두가 하나 되어 즐기고 응원하였다. 이 행사에는 자원봉사자(바람꽃)들이 정성들여 준비한 푸짐한 음식들과 송년의 밤을 밝힌 챌린지 트리가 함께 하였다.

자원봉사자(바람꽃)들이 정성들여 준비한 음식들(왼쪽)
송년의 밤을 밝힌 챌린지 트리(오른쪽)

이날의 하이라이트는 노래부르기였다. 장애인(파랑새)분들에게는 모두의 개인 마이크가 있을 정도로 노래부르기를 좋아하였다. 핸드폰과 연결한 마이크로 노래 부르며 박자에 맞추어 춤을 추는 장면에서 올 한해의 아쉬움을 다 날려버렸다.

사단법인 한국장애인레저스포츠협회는 2021년도에 초대회장 김송석 박사에 의해 탄생하였다. 김송석 박사는 1982년부터 장애인 봉사활동을 시작으로 1990년 장애인복지형상회로 그 활동을 넓혀왔다. 그리고 2021년 협회를 만들고 2022년 9월 돌아가셨다. 협회는 2대 신경숙 이사장이 이끌고 있다. 협회의 주요활동인 장애인복지형상회는 류다솜 회장이 이끌고 있다.

장형회와 함께 한 장애인(파랑새)들의 나이도 이제는 20대 후반 30대로 독립을 해야 한다. 사단법인 한국장애인레저스포츠협회는 성인 장애인의 자립생활 지원프로그램으로 소규모 장애인 공동체 운영을 준비하고 있다. 김정섭부이사장은 협회는 김송석 박사로부터의 40년 활동을 이어 자연친화적 여가문화활동 프로그램 개발, 장애인 수련원 운영, 장형회 활동에 대한 역사적 고찰 등을 힘차게 해 나가는 2023년이 될 것이라고 말하였다.

사단법인 한국장애인레저스포츠협회 https://kalspd.or.kr/

장애인복지형상회 https://cafe.daum.net/wkdgudghl

[평생교육사회복지신문. 조광연 편집위원. 2022.12.13.]

찬찬하고 아름다운 평생교육 이야기

발행일 | 2024년 10월 30일
지은이 | 조광연
편  집 | 조은희
발행인 | 조은희
발행처 | 도서출판 율나무
전  화 | 02-2201-5435
팩  스 | 0502-989-9435
이메일 | yoolnamoo@naver.com

ISBN  979 11 93189 01 6